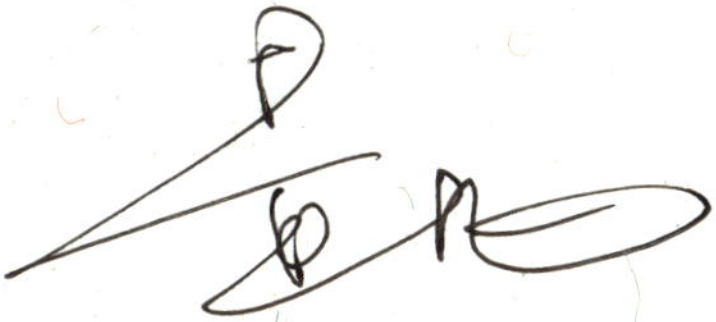

2023 10 28

投资中最关键的事

黄凡◎著

電子工業出版社
Publishing House of Electronics Industry
北京•BEIJING

图书在版编目（CIP）数据

投资中最关键的事 / 黄凡著. —北京：电子工业出版社，2023.10
ISBN 978-7-121-46381-5

Ⅰ. ①投…　Ⅱ. ①黄…　Ⅲ. ①投资—基本知识　Ⅳ. ①F830.59

中国国家版本馆CIP数据核字（2023）第176660号

责任编辑：张振宇　　　特约编辑：田学清
印　　刷：天津千鹤文化传播有限公司
装　　订：天津千鹤文化传播有限公司
出版发行：电子工业出版社
　　　　　北京市海淀区万寿路173信箱　　　邮编：100036
开　　本：880×1230　1/32　　印张：8　　　字数：180千字
版　　次：2023年10月第1版
印　　次：2023年10月第1次印刷
定　　价：78.00元

凡所购买电子工业出版社图书有缺损问题，请向购买书店调换。若书店售缺，请与本社发行部联系，联系及邮购电话：（010）88254888，88258888。
质量投诉请发邮件至zlts@phei.com.cn，盗版侵权举报请发邮件至dbqq@phei.com.cn。
本书咨询联系方式：（010）88254210，influence@phei.com.cn，微信号：yingxianglibook。

推荐序一

知行合一，从知开始

文丨秦朔

做投资的人常说："国运兴，财富兴。"改革开放后，中国经济持续增长，其增速在主要经济体中首屈一指，中国也涌现出大批龙头企业和有核心竞争力的专精特新企业。然而，资本市场的大多数投资者却没能很好地分享到这个时代红利。

2020年，上海证券交易所发布了单账户年化收益的统计数据。数据显示，2016年1月至2019年6月，在A股投资者中，无论是账户持股市值在10万元以下的"超级小散"，还是资金量在千万元级别以上的超高净值人群，其投资收益都是负的，只有机构投资者和公司法人投资者在此统计区间内实现了投资正收益。

根据wind普通股票型开放式基金指数（可视为股票基金的平均水平），2016—2019年股票基金平均收益率为43.02%，年化收益率为14%（单利）。

2019年和2020年是股票投资的丰收年，大量个人投资者赚到了钱，但其收益率远远赶不上机构投资者，即便是那些通过购买基金来参与市场的“基民”也如此。

《中国证券投资基金业年报（2021）》显示，2020年盈利超过50%的股票基金占基金总量的59.79%，而处在同样盈利水平的个人投资者仅有11.08%；盈利为20%~50%的股票基金占基金总量的36.03%，个人投资者仅有15.83%；盈利为0~20%的股票基金占基金总量的3.92%，个人投资者为25.08%；此外，16.70%的个人投资者亏损20%以下，31.3%的个人投资者亏损20%以上，而2020年股票基金没有出现亏损。

以上数据大概率地证明了个人投资者面临的窘境，要么亏钱，要么没有赚到应该赚的钱。这也说明投资中所谓的“理性人假设”是靠不住的，在投资实践中，散户往往是情绪化的投资者。

个人投资者要想解决这样的问题、更好地赢得时代红利，正知正念非常重要。秦朔朋友圈的著名专栏作者黄凡先生，就是一位在投资方面有正知正念的人。他出版了《淡定，才能富足》《寻找穿越牛熊的股市投资策略》，翻译出版了《财务幸福简明指南》。这本新著《投资中最关键的事》也是他为了引领读者走上“资产配置与价值投资”的正道和实现财富自由，所做的又一次努力。

作为在秦朔朋友圈耕耘了六七年的“元老级”作者，黄凡先生的写作风格一向是“独立客观，实话实说”。他虽然长期在不同的内、外资金融机构担任高管，但都是站在个人投资者一方来表达观点的。

例如，他曾在2015年A股泡沫高涨之时，撰文《如果泡沫破灭怎么办?》，劝头脑发热的投资者见好就收；在2015年年底市场熔断之前发文《勇于不参与!》，提示股价虚高；到了市场持续低迷、非常“黑暗”的2018年年底，又以《不要浪费一轮难得的熊市》为勇敢的参与者鼓舞欢呼……我非常认同黄凡先生的为文之道。他写过的这些靠谱文章，都经得起历史的检验，有心的读者不妨自行检验一下。

我推荐黄凡先生的书，还因为他在书中重点讲述的一些常识，恰恰是容易被投资者有意或无意忽略的投资真谛。

首先，低买高卖、知行合一。当市场非常低迷，投资理财书最不好卖的时候，也就是大家对投资市场最为失望的时候，其实市场里的好公司都已经非常便宜，根据低买高卖的常识，这时候恰恰是投资者进场的最佳时机。而当大家阅读投资理财书、买入各类证券最积极的时候，往往是市场最火热的时候。历史多次无情地教训过我们，当市场最火热时，进场“取栗”的投资者都会以送钱告终，但多数人依然故我。

其次，要投资好公司，不要炒股票。黄凡先生在书中反复强调“投资就是投国运，买股票就是买公司”。利用长期持有主流指数型基金这样最简单、最低成本的方法就可以跟上国运，而长期持有一篮子优秀的上市公司股票就能通过分享这些好公司的经营成果而实现财富自由，这也是得到长期市场数据验证的事实。然而，听得进这样浅显道理的投资者似乎不多，愿意坚持践行的更少。

最后，我想强调的是“坚持合理资产配置，享受富足生活”。我因工作关系常与非常富有的企业家们交流。他们坐拥亿万元财富，但在不少人的言谈与眼神中，我很难找到平安与喜乐。显然，亿万身价不是富足的充分条件。我认同黄凡先生的说法，如果白天能做自己真正喜欢的事，晚上与自己所挚爱的亲朋在一起，那么哪怕你不是那么“富裕”，生活也是富足的。

黄凡先生从1992年至今，全程参与了国内资本市场，经历了几乎所有的牛熊周期，也因为职业的关系与国内的资产与财富管理行业的资深人士、高层、富裕人群有长期的深度交流。他以自己30年的国内外投资理财经验，结合巴菲特等全球价值投资大师的理论，总结出价值投资的“选等守”“三字经”——“选”好公司，“等”合理价买，坚“守”长期持有。

在这本书中，他深入剖析了自己从对资本市场“无知而无畏”到“有知而有畏”，再到“有知而无畏”的进化过程。他也把通过践行“选等守”而实现“10倍回报”的投资实践经验与教训同读者分享。

我认为，只要按照书中描绘的蓝图，坚持资产配置与价值投资，就能慢慢地实现财富自由。我深知，“知行合一”并不容易做到，但无论如何，只有从“正知”开始，才能走上投资理财的正道。

推荐序二

不凡的黄凡

文丨杨天南
北京金石致远投资管理有限公司 CEO

大约10年前，我出差到上海，与《财富》世界500强之一的一家公司商谈合作交流后，在陆家嘴高耸入云的玻璃大厦里遇见一位名校毕业、干劲十足的年轻人，他说自己刚刚参加了CFA（特许金融分析师）考试，希望能顺利过关。我说："哦，昨晚我刚见过的一位朋友正好是CFA的评审委员。"年轻人闻听此言，脸上露出难以置信的惊羡表情。

我提到的这位朋友就是黄凡，提到的那晚是我们的第一次见面。黄凡恐怕至今还不知道，一位从未谋面、毫无干系的年轻人无意间的表情加深了我对他的印象。

如今，黄凡已在金融界从业近30年，也算是干了一辈子金融，而且其履历非常丰富，足迹从国内到国外、从外资银行到内资银行、从银行到投资，工作之余还在多所高校任教，同时担任

CFA全球教育咨询委员会委员。

作为与黄凡年纪相仿、从业时长也相仿的同代人，我深知在波澜动荡的金融界历经5个周期却能履险如夷、屹立不倒是不容易的。事后都易，当下最难。每当尘埃落定之后，人们会指点英雄，绝少有人会关注那些被埋没的曾经的风云豪杰，时光过后，很多人都不在了。历时既久，人还在——这就是黄凡的第一个不凡。

“还在”就意味着一切顺利吗？当然不太可能。人生不如意事十之八九。在投资领域也鲜有例外，再加上过去15年（2007—2022年）A股大盘从6100点跌至3200点的历史大背景，职业上的“活着”本身就面临严峻的考验。

“还在、活着”就意味着一定能跑赢指数吗？这也不能保证。例如，根据测算，如果巴菲特过去少操些心，那么或许赚的钱更多。

伯克希尔（伯克希尔·哈撒韦公司）2022年的年报显示，2021年该公司以0.9%微弱优势跑赢标普500指数。但如果从2010年年底开始计算，2010年年底伯克希尔市值为1 794亿美元，到2021年年底达到6 710亿美元，上涨274%，而同期标普500指数上涨367%。

也就是说，假如当初巴菲特和芒格将1 794亿美元转为标普500指数，那么11年后可以达到8 378亿美元。如此算来，巴菲特和芒格忙活了11年，实际上还少赚了1 668亿美元，折合人民币一万亿元出头。

那“活得久”还有什么意义呢？意义在于，有些奇迹只有你“还在、活着、活得久”才能看见。

巴菲特第一只大赚100亿美元的股票是可口可乐，但很少有人知道，他在做出投资可口可乐的决策时已经是花甲之年；巴菲特第一只大赚1 000亿美元的股票是苹果手机，但很少有人留意，他投资苹果手机时已经86岁。试想，如果一个人活不到60岁，活不到86岁，是不是就错过了100亿、1 000亿美元？

黄凡的第二个不凡是以真名实姓示人。很多人可能没有意识到这实际上是一种自我增信行为，尤其在移动互联网时代，网络在给人们带来便利的同时，难免夹杂着网络暴力，80%的网络乱象其实可以通过实名制解决。未使用实名的人，即便出于保护隐私的考虑，客观上也给自己的信用打了折扣。

以真名实姓示人是有勇气的表现，因为这与责任相关，需要以能力为底气。古语有云：“行不更名，坐不改姓。”如果你经常遇见改名字的人、总是用假名与人打交道的人，那么多想想他们为什么这样做。

黄凡的第三个不凡在于贡献社会。他在工作之余、执教之余笔耕不辍，这本《投资中最关键的事》应该是他的第4部著作了。书中关于投资的陷阱和地雷阵，我打算再仔细看看。书中详细回顾了当年笼罩着诺贝尔光环的LTCM（长期资本管理有限公司，简称长期资本）的陨落，读来令人掩卷深思：原来这么多如此聪明的人，最后输得这么惨！

其他内容我就不必再多剧透了。对于那些有意追求财富自由的人而言，这本书兼具实用、趣味和警醒作用。

总之，如果你能在一个行业坚持数十年屹立不倒、能以真名实姓彰显担当与信用、能在力所能及的前提下为社会尽一份力量，那么你也会是一个不凡的人。

前言

投资中最关键的事

10多年前的“你不理财，财不理你”名言，把人们的投资理财意识唤醒。

过去，国内常见的投资理财方式之一是买金融机构发行的预期收益型理财或投资产品，不管是银行发行的、信托发行的，还是保险公司发行的，只要有预期收益，最后必然达到。因此人们通常不需要去研究或追问产品背后的资产，只需要知道预期收益即可。

对于投资A股的，面对的就是另一种命运了。虽然股票市场门槛不高，几乎人人都可以参与，但10多年间，上证指数涨幅为0，在此期间还经历了多次异常波动，绝大多数参与者亏损累累。

国外近期情况已经有了变化。2022年年初以来，欧美国家通胀率连续上涨，有失控的迹象，其中美国CPI同比连续上涨，一度达到9.1%，创1981年12月以来新高。为应对居高不下的通胀，美联储多次加息。美联储试图通过加息以尽快促使CPI回落至2%，而且在多次声明中宣示将坚定致力于实现这一目标。欧洲央行等其他货币政策制定者也纷纷跟进加息、收紧，以遏制通胀。

而事实上，为了抑制高企的通胀，美联储“暴力”加息，这或将加大美国经济陷入衰退的风险，也会对全球金融市场造成深远影响。受此影响，全球资本市场已经出现剧烈波动并面临较大的下行压力。

国内近期情况也发生了变化。各类理财产品本息兑付已经失去了“刚性兑付”的基本保障。而股市的环境与土壤也在悄然发生改变：创业板、科创板的新股发行已全面实行“注册制”，提升了再融资的便利性；中国证券监督管理委员会（简称证监会）高层多次宣示进一步推进沪深主板全面实行“注册制”；“北京证券交易所”正式设立。根据证监会的安排，北京证券交易所（简称北交所）将实现“三个目标”：一是构建一套契合创新型中小企业特点的涵盖发行、上市、交易、退市、持续监管、投资者适当性管理等方面的基础制度，补足多层次资本市场发展普惠金融的短板；二是畅通北交所在多层次资本市场的纽带作用，形成相互补充、相互促进的中小企业直接融资成长路径；三是培育一批专精特新中小企业，形成创新创业热情高涨、合格投资者踊跃参与、中介机构归位尽责的良性市场生态。

北交所从2021年9月2日由高层提出设立到11月15日正式开市，用时仅75天，“北交所速度”充分体现出高层把“注册制”改革推向深入的坚定与效率。从某种意义上说，北交所加上新三板实际上构成了纳斯达克模式，自正式开市以来，北交所至今总体运行平稳，市场的流动性较新三板时代有了明显的改善，国内股票投资者多了一条投资途径，创业企业也多了一个融资窗口。

我们都知道，过去10多年，敢于持续买入并坚决持有国内多套房子的投资者都成功地打败了高速运转的印钞机而成为投资理财的赢家。那么，在“房住不炒”“共同富裕”的政策大背景下，未来的10年又会如何？

我认为，在当下复杂的经济与市场局面下，人们忧虑的无非是如何让财富更安全，如何避免财富被依然高速运转的印钞机稀释，从而实现保值增值。

大家都关心同一个问题：我们当今究竟应如何投资理财才能实现财富的保值增值？

其实，投资只需要把握好最关键的几件事，就能确保走上通向财富自由的投资理财正道。这几件事总结成3个字就是“选等守”。

1.“选”好公司。

“选”非常关键，如果选错了，后面的一切都是徒劳。在投资理财实践中，我们一定不要高估自己的投资择时能力，也不应羡慕那些传说中的、能准确逃顶抄底的“股神”，必须明白投资就是投国运，买股票就是买公司。

“投国运”落到实处，指的就是一个简单的参与股票投资的办法，即利用市场显著回调的机会以投资沪深300等主流指数型基金的方式来跟上我们自己的国运，或者在市场低迷之时逐步买入并长期持有纳斯达克100指数或标普500等主流指数型基金来跟随美国的国运。目前，美、中分别是全球第一、第二大经济体，美国有先进的技术、领先的理念，中国有最大的消费市场、最勤劳的劳动者群体。相信它们未来依然是我们在全球资本市场投资中最值得把握机会的地方。

“买公司”落实到资本市场投资，就是要求我们实实在在地以股东的心态，精心挑选优秀公司来长期投资。尽管国内市场有机制上的不完美，不同行业的上市公司也良莠不齐，但这并不影响我们对大趋势的把握。一篮子有代表性的好公司代表国内公司的主流，也代表国运。这与全球知名投资管理人巴菲特在选公司时用到的“护城河理论”异曲同工。

2.“等”合理价买。

以极大的耐心“等”合适的时机出击也是投资成功的关键。等待与忍耐是投资成功的必修课。当前，全球市场、各类资产的价格面临大动荡，广大投资者该如何应对才能立于不败之地呢？我想起了元朝末年朱元璋拥兵在手时曾向谋士征求平定天下之良策。有一位名叫朱升的学者献给朱元璋“高筑墙，广积粮，缓称王”的九字名言，这条策略在朱元璋最终取得胜利的道路上发挥了重要的作用。

（1）“高筑墙”指的是强化边界意识。放在军事上，“高筑墙”指的就是割据一片领地，通过高筑墙的方式，固守自己的势力。放在投资与理财上，“高筑墙”指的就是固守自己的能力圈，意识到自己应该专注于哪个领域。在经济滞胀而市场下行之时，在整体的资产配置上，应该把权益类资产（股票）控制在相对较低的水平，同时提高投资级别高、久期较短的债券在组合中的占比。在具体股票的选择上，应尽可能选取非周期性的行业，行业中的优秀龙头公司具备抗击竞争者冲击的“高墙”，能让投资者“进可攻，退可守”。

（2）“广积粮”指的是储备实力。在“高筑墙”的基础上，以足够的耐心深耕积累，等待合理的价格持续买入并长期坚守，不去计较一时的得失。另外，市场动荡之际，现金就是很好的粮草，我们应该不断地积累现金，耐心等待好的投资机会出现。落实到股票类的配置上，也可解读为：当市场低迷，出现好行业的好公司有便宜价让我们买入的机会时，应广为收集，以做长久打算。

（3）“缓称王”是指做事低调与谨慎。在时机未成熟的时候，保持低调与谨慎是最佳选择。投资者不要动不动就宣称“大牛市”，也一定不要预期自己很快就能把握住所谓的牛市的机会，在一年内成倍地赚大钱。不然，喊着，喊着，自己就信了，也陷进去了。说到投资，不少人喜欢以“下决心、立誓言”的方式来预支完成时的快感。他们通过豪言壮语给自己壮胆，让自己情绪高涨。此时，做足功课去精挑细选好公司这一投资的关键事项，反而会被他们忽略。

3.坚“守”长期持有。

全球投资市场几百年的历史告诉我们：没有只涨不跌的市场，也没有只跌不涨的市场，只有永恒的周期。全球股市普遍下行不是第一次出现了，然而，大跌之后回升再创新高也不是第一次。当然，也一定不会是最后一次。资本经济（市场经济）的周期特征就是经历低迷、萧条、复苏、高涨，然后又进入低迷、萧条……在一轮轮的周期中呈螺旋式上升和进步。

投资的基本常识就是“低买高卖”，这一点似乎大家都懂，然而，投资者在投资股票与投资股票基金时遇到的很常见的问题是，大多数人都密切关注着股市的每日动态，尤其是在市场剧烈动荡的时候。这导致他们在市场大涨时情绪亢奋，在市场低迷时情绪低落，进而在最不应该进入时进入，在最不应该放弃时放弃。

我以自己30年的国内外投资理财经验，总结出价值投资的“选”好公司、“等”合理价买、坚“守”长期持有的“选等守”“三字经”，并把通过践行“选等守”而实现“10倍回报”的投资实践经验与教训同读者分享，以期待读者能把握好投资中最关键的事，从而实现财富自由。

目录
CONTENTS

第一部分

强的理财的意愿是投资理财的好开始

第一章

理财=发财吗

理财是简单地购买理财产品吗？不是！理财是通过合理配置投资组合，产生合理的资产性回报，也就是“以钱生钱”，实现财富的保值增值。

我理解的发财就是把握机会迅速致富，大大地提升自己的财富级别。例如，某位每天为生活而奔波的上班一族，忽然中了体育彩票特等奖，得到了千万元现金。又如，创业者经过长期艰苦的创业，使所创立并经营的公司成功上市，身价由原来的百万级别变成亿万级别……发财的路径可以有多条。然而，投资者则是通过投资理财而发财的。或者说得直接一点，就是靠炒股、炒期货等实现快速致富。

一、通过理财发家致富，可能吗

投资理财能让我们快速致富吗？根据我自身30年的实践经

验，靠投资理财而迅速暴富并不可行。

大家会说：“我们经常听到身边一些人讲他们投资股票大赚的故事。‘股神们’天天抓到‘涨停板’，这些能人很容易发财致富，我们跟着不就行了吗？”

请允许我分享一下实际情况吧！

我因长期在资产财富管理行业工作而被误认为是能指点出“金股”的专家，也常被拉入不同的微信投资群中，被要求做各类点评，推荐各类股票。为此，我再三申明没有“点股成金”的技能并以此为理由推辞，只做一个观察者，也观察到一些有趣的现象。

在不同的投资群中都有若干位“股神”，每日推荐各类股票，每当推荐的股票上涨时，他们不免自喜一番，似乎觉得自己百战百胜。既然“股神”推荐股票都奇准无比，自己的投资也早就足以让其成为富有的人，为何不去收购大跨国企业？或者天天在某个美丽的小岛上晒太阳？怎么还有工夫每天推荐股票？ 其实，如果细心观察与统计一下，就不难发现，“股神”也是普通人，每天推荐的股票，涨了，事后炫耀；不涨，也就不提了。只是大家因发财心切，就选择性遗忘了“股神”失算的推荐。

在投资群中还有一些“技术专家”，每日指点个股的“阻力位”“支持位”，让大家“低买高卖”，一时间，似乎大家可以通过每日交易操作来“印钞”，然而，这样下来，也没有谁因此赚钱去买车、买房。实际上，因无法克服人性的贪婪与恐惧最终大多“追涨杀跌”。“高买低卖”往往就是必然结果。

幸运的是，在我的一些同学中有不少真正实现了财富自由的“赢家”，他们的致富途径有多种，有趣的是，唯独没有靠股市博弈这一条。

其中有一位是20多年前因投资并长期持有若干商铺增值几十倍而发财的老板，提示一下，关键词是长期持有。试想，如果他每天把持有的商铺如股票一般通过反复买卖而博弈，还能赚得如此多吗？

还有一位因近10年在全国各地成功开发多个楼盘而致富的大亨，试想，如果他每日计算楼盘价值的“支持位”“阻力位”而试图“低买高卖”，不是就错过了房地产“黄金10年”的大机遇吗？

更有一位是上市公司高管，长期持有其公司股票，但是因股价连续下跌多年而浮亏严重，近期，公司忽然摇身变成“券商概念股”而连续涨了10多个停板，这位同学身价突然暴涨并大步跨入富豪行列！然而，如果他不是因自己是上市公司高管“不好意思”卖股而被迫长期持有，那么哪能等来发达的机会？

作为国内知名的价值投资的倡导者之一的深圳东方港湾投资管理股份有限公司董事长但斌曾发布微博称，自己在与人谈投资时聊到：君安证券前总裁杨骏曾在腾讯IPO时持有近4 000万股，可惜在每股7元到12元时全部卖光了，否则现在市值有千亿元了。他还表示，马化腾在每股6元时卖出了1 000万股腾讯股票并买了纯水岸的别墅，换算到现在相当于用几百亿元买了一个房子……显然，能长期投资好公司的人都会成为大赢家。

这些都是发财的例子，且无一是通过大家耳熟能详的“低吸高抛”炒作各种投资品来完成的。

众所周知，这二三十年来，在经济高速增长的背景下，私人财富得到了快速积累。然而我在长期的财富管理从业实践中一直有这样的困惑：

改革开放以来，经济高速发展，成千上万的富豪如雨后春笋般涌现，但我们还没见到哪一位是通过简单的股市和基金投资创富成功的。在历年的中国富豪榜中，无论是胡润百富还是福布斯，上榜者遍布地产、家电、造纸、食品、钢铁、零售、服装、IT等行业，独缺的一行是“专业的投资者”。

简单总结一句，他们致富的共同特点是抓住机会，通过实业积累和资本运作。大多数时候，致富是需要“冒险一搏”的，多半是依靠创业或创投。创业和创投致富其实成功的概率并不高，尽管我们看到的都是“成功人士”的风光，但是他们仅仅是一场场“大浪淘沙”般的创富中的幸运儿和屡败屡战的幸存者而已！有统计表明，95%的创业都以失败告终。而创业失败意味着财富投入的损失（甚至血本无归），因此创业和创投其实是以小概率事件去造就成功的。

由此大家可以明白，没几个人可以通过投资理财创富致富，通过实业创富致富也是“大浪淘沙”后的凤毛麟角般的小概率事件。

在理论上，财富管理成功的关键在于通过适当的资产配置来取得与所承担风险相对应的合理回报，同时以分散投资规避各种非系统性风险。但如今，许多人都在力图通过理财致富。这是理论与实践相背离的非常态现象。其成因大概是在过去二三十年间创富是主调，许多人都奔创富去了。

包括许多已基本完成创富的高资产净值人群，其财富管理的模式和对财富管理的收益预期也并没有相应地从“进取创富”调整到“稳健守业”。

必须强调的是，理财不应作为创富的手段，只能让我们实现财富保值增值这个小成功，不过这个小成功的实现应是大概率事件。只有如此，我们才能守护好多年辛勤工作积累的财富，让篮子里的鸡蛋平安度过经济的潮起潮落。

二、通过理财改善生活，靠谱吗

答案是肯定的。

我觉得值得在这里分享一下自己以家里小孩为“试验品”探索儿童财商教育的小故事。具体如下。

光阴似箭，日月如梭。不知不觉间，儿子在2019年年满18岁了。该送什么样的成人礼呢？与夫人商量了半天，我决定除了送一块他梦寐以求的“苹果手表”，还把他的教育储备金投资账户的管理权作为正式的“成人礼”移交给他。

投资账户在2010年年前设立，是以儿子的名字开设的银行基金账户（未成年不能开券商股票账户），我每年都以长期投资回报可观为诱饵，动员他把几千元的红包钱上缴并陆续投入到此基金账户中，意图为他储备大学学费，2010—2019年这10年来，我一直让他观察如何自己管理账户的投资，并关心账户的净值变化，意在从小开展儿童财商教育。10年来，基金账户中的主要品种是再简单不过的沪深300指数基金加上中证500指数基金（两者各半）。

不过，阶段性的短期回报率并不差。例如，2019年上半年持仓的总回报率约为40%。我把40%的该时段回报率用券商的分析软件分析了一下，系统显示这个回报率跑赢了同期88%的基金经理，同时被系统授予“荣耀股神”的称号。

从长期看又如何？10年来每年投入几千元，至2019年上半年资产总收益率接近200%，我算了一下账，总市值已经足够缴纳他未来4年的海外大学学费。当初投资的目标已经顺利达成。刚好，2019年9月他就要到加拿大的不列颠哥伦比亚大学（University of British Colombia）开始他的大学生活了。这笔资金足以让他安心上学了。之后，交到儿子手中的这个账户一直维持原有投资策略，也一直在增值。

儿子不需要每天打探消息，不追涨杀跌，其账户的收益率竟然跑赢了绝大部分经验丰富的专家级的老股民，也跑赢了多数“武装到牙齿”的专业基金经理。

我帮助儿子实现财富的保值增值，让其在10年间就攒够出国留学的基本学费，并成功进入他自己梦想中的大学。这样一个实际例子说明只要利用简单的指数基金投资组合，就能实现一些重要的人生“小目标”，投资理财确实能让生活大不相同。

在这个过程中，我发现不少投资者在应用指数基金进行投资理财时有一些误区。

误区一：指数基金投资者多着眼于短期，希望今天种树，明天乘凉。然而，在A股市场长期走势总体向上的前提下，短期波动超大，特征就是熊长牛短，这往往让定期投入的投资者备受煎熬。

儿子的投资账户在2010年开设，我每年都把当年的红包钱不择时投入其中，然而，2010—2014年经历的是长期熊市，每年投入都不见任何成效，到2014年年初，投资组合呈现明显浮亏。儿子多次表示这是一次失败的投资，要求撤出。虽然根据多年的投资经验，我坚信A股不会永远低迷，但也为长期的低迷市场感到煎熬，于是忍无可忍地决定暂停一年投入。结果暂停投入的一刻，正是市场见底之时，之后就是2014—2015年上半年的“人工杠杆牛市”。幸运的是，我因仅停止新增加投入，原来累积了几年的投入在牛市中最终迎来了超过一倍回报的丰硕收获。

误区二：指数基金投资是典型的“懒人理财法”，在任何时候只需要买入即可。然而，指数型基金追踪的是指数，总是接近100%满仓的，我们不可能靠基金经理根据对市场走势的分析来决定股票仓位的配置。坚持指数基金投资策略，须摒弃“懒人理财法”，分析市场估值并根据市场估值的高低来择时介入或退出，是国内指数基金投资策略成功的关键。

2015年6月，市场处于高位，估值远超历史的中位数，然而市场内外人声鼎沸，成交量达到惊人的每天两万亿元，投资者用

“为国接盘”的口号来为自己壮胆。我凭经验知道市场危险临近，于是在当年6月下旬赎回退出全部理财产品，并全额认购了固定收益类理财产品，其后两年因一直“勇于不参与”估值过高的A股投资而躲过了N轮“异常波动”，保存了胜利果实。

2017年，市场经过长期调整后稳定回升，于是我把理财产品全部赎回重新投入指数基金中。但市场在经历了一段上升后，2018年又陷入了下跌。有了2014年的历练，我心态坦然而淡定，儿子也因高中学业繁忙无暇关心账户的浮亏。

事实上，一轮市场由熊转牛在2018年年末悄然发生，从2019年年初至2020年年底，不变的投资组合净值又上涨了近70%。

实践经验表明，指数型基金定投适合精力和时间有限、又不太愿意花太多时间关注市场的投资者。如果长期投资首先在市场总体平稳或下行的时候，制订定期投资计划，然后在下一轮市场高涨中退出，形成“微笑曲线”，那么回报相当可观。

就长期投资的标的而言，我推荐沪深300加中证500指数基金的组合。这两个指数的成分公司共800家，代表上市公司及我国经济的主流。从市场总体估值的角度看，沪深300指数、中证500指数对应的静态平均市盈率分别仅为15倍和17倍（2022年6月28日，东方财富网数据），依然处于历史中位数水平以下。这说明尽管市场涨跌反复，但总体还是位于相对低位。因此，以指数基金组合投资的形式来“做多”我国经济是非常合适的。

在把投资账户作为“成人礼”移交给儿子后，我就把管理权交给他了，自己只提供跟踪指导，配合儿童财商教育，以“扶上马、送一程”的方式来带他走一次完整的牛熊周期，让他学会通过指数型基金这样的有效工具实现财富的保值增值。

对于中产阶层而言，如果努力工作、量入为出地积累一定的财富、在投资理财方面适度进取，通过滚雪球的方式让财富较快增值，那么实现慢慢变富也是有可能的。

第二章

为什么必须学会投资与理财

理财的目的不是发财致富，而是守护好自己通过辛勤劳动而获得的财富，使之经得起经济与金融市场的潮起潮落，实现保值增值，为自己与家庭今后的富足生活提供财富上的保障。

如果不能实现有效理财，长期的通胀就会把积累的财富稀释。

通过投资理财，我们可以实现以下三大目标。

一、跑赢通胀——基础目标

物价上涨速度通常会用CPI（居民消费价格指数）来衡量，CPI是度量消费商品及服务项目的价格水平随时间而变动的相对数，反映居民购买的商品及服务项目价格水平的变动趋势和变动程度，是一个月内商品和服务零售价变动系数。

居民消费价格统计调查的是社会产品和服务项目的最终价

格，与人民群众的生活密切相关，同时在整个国民经济价格体系中具有重要的地位。它是进行经济分析和决策、价格总水平监测和调控，以及国民经济核算的重要指标。其变动率在一定程度上反映了通货膨胀或紧缩的程度。一般来讲，物价全面地、变化对比、持续地上涨就被认为发生了通货膨胀。

如果我们考虑到人口结构变化带来的劳动力报酬长期上涨需求，以及农产品价格因供需平衡的改变而长期上涨等因素，中国的反映物价变动水平的指标——CPI就可能长期维持在高于银行定期存款的水平；而利率水平似乎永远追不上CPI。在实际负利率成为常态之下将钱放在手中或存入银行，缩水几成定局。

前些年，国内猪肉供应相对短缺，推动了猪肉价格急升，而CPI成了“China Pig Index”（因猪肉在CPI中的权重过重，有人戏称CPI为中国猪肉指数），不少人开玩笑地说：“不让我们的财富保值增值，以后我们恐怕连猪肉也吃不上了。”事实上，猪肉价格在过去10年间涨了5倍以上，我们如果不好好理财的话，那么财富的增值速度还真不如猪肉涨价的速度快。

二、为自己和家人抵御人生中的风险，提供生活无忧的保障——核心目标

我们都希望将来过上体面的生活。但体面的生活是需要强大的经济实力来支持的。例如，我们希望住在一套像样的房子中，开自己喜欢的车子，当工作不顺心时，有随时换工作的自由。这

一切，没有可观的积蓄不可能办到。

理财的目的，就是要能确保自己和家人过上富足的生活。而“富足”，必须有一定的财富做保障。例如，当我们对所做的工作不再喜欢，我们能有退出的自由，而这种自由的背后是我们的财富的支撑。

大多数人的财富，一般都是通过工作或创业打拼获得的。既然所理之财是自己多年打拼积累的财富，那么我们怎么能坐视它缩水？况且，财富增值的部分也是今后生活来源的重要补充甚至基本保障，所以我们必须认真对待我们的财富。

从所处的人生阶段来看，不少年轻人对理财并不是太在意，当通过长期工作或生意积累到一定财富之际，往往已人到中年。我们所积累的财富是父母眼下的幸福，也是自己晚年的保障，更是子女未来的前程。因此，务必管理好这些代表自己多年心血的财富，通过财富保值增值来为至爱、子女和其他家人提供长期的生活保障。此外，加强年轻人的财商教育，让他们理财从小做起，确实非常有必要。

三、实现财富的进阶，获得财富自由——终极目标

财富自由，对大多数人而言，是一场需要通过完善的理财规划、过人的耐心、强大的执行力才能完成的投资理财“马拉松”。

通过执行一个完善的投资理财规划，我们不仅能让财富保值增值，还能“慢慢变富”，实现财富自由，更能养成理性自律的

做事习惯，从而对我们的人生更有控制力，实现更大的价值和自由。在制定投资理财规划以前，我们必须做到以下两点。

第一，建立合理的回报预期。

许多人都知道，投资理财的正道应该是通过适当的资产配置来取得与所承担的风险相匹配的合理回报，避免把所有鸡蛋都放在同一个篮子里。然而，在实践上真正做到知行合一的并不多。因为大家都有战胜市场的情结，都觉得自己比其他市场参与者要强，能取得比市场平均水平更高的回报，但大家仅仅是普通人而已。

要真正“善用”理财以实现人生富足，其实非常不易。为何？因为投资理财是一项逆人性的事业，人们总是追求高回报，希望实现快速致富；而真正可持续的富足来自财富的持续匀速积累。成功的理财要求我们“量入为出、量力而行、开源节流”，这与人们希望的“随心所欲、挥洒自如”的生活状态相悖。财富保值增值的基本原则是“资产配置、分散投资、跟随市场”，人们追求的却是“孤注一掷、集中火力、战胜庄家”。

在投资理财实践中，人们追求的财富目标与实际取得的结果往往大相径庭。以股市投资为例，一年5倍收益是许多投资者的愿望，然而能实现5年一倍收益的投资者便已经能比肩公认的“股神”巴菲特了。

投资理财是一场“马拉松”，一次或几次的冲刺并不能解决根本问题。投资理财的最终目标是财富长期的保值增值，而同一资产类别阶段性的超额高回报意味着后一段时间的低回报，因为任何一类资产的回报率从长期而言就是一个均值。简而言之就是朝三暮四，如早上吃多了，晚上就得吃少，或者寅吃卯粮，前期透支未来，后期还债。

过去20年，国内房价与物价持续上涨，其影响因素除了经济发展速度快，还有国内M2长期过量增长。

不过这样的状态不可持续。如果这种状态维持下去，我们似乎很快就可以把全世界买下来。然而，此等好事一定是难以为继的，泡沫化的日本经济从1990年起步入“失去的三十年”就是前车之鉴。

国内长期货币供应宽松，不仅让国内的房价、物价实现了对美、加等发达国家的弯道超车，还在成就了过去20年来固化在人们思维定势中的“房地产价格永远涨”的幻觉的同时，让当今国内投资者面临“无限量的流动性对应有限的优质资产的矛盾”，也就是“有钱难找好的投资标的”的尴尬境地。

我因工作关系长期与富裕人士打交道并讨论投资理财的话题，察觉到他们的看法有两个共同特征：一是预期回报率高（15%~20%的年化收益率他们才觉得勉强可以接受）；二是配置非常简单（大部分是房地产，小部分是高收益理财产品）。未来，如他们继续以这样的“姿势”奔跑，就很难躲过各种理财“陷阱”。

如何才能避免掉入形形色色的理财“陷阱”中呢？其实并不需要有太高深的学问，只需要坚守以下这些自己不一定愿意接受，却是实实在在的常识即可。

（1）高的固定收益（目前在10%或以上）一定伴随着高风

险。试想一下，国内GDP的年增长率预期是5%左右，作为各行业精英的A股上市公司总体平均资产收益率只有5%左右。有10%以上回报率的投资项目非常难得。投资者取得10%以上的固定收益率，意味着借款人以10%以上的成本获得资金，投资回报率低于资金成本，显然是无法存续的。

（2）作为一般投资者，太好的东西是轮不到自己的。凭什么取得比他人高的收益而不用承担风险？一旦得到仿佛是天上掉下来的馅饼般的好东西，我们就要琢磨一下，为何偏偏这么好的东西让自己得到了？这真不是圈套吗？

（3）牢记世界上从来就没有无缘无故的爱。作为富裕人士，身边从来都不乏主动上门推荐“必涨股票”、承诺“高回报”、传授投资“必胜秘籍”、推销“最佳产品”的各色人等，然而他们一定不是要往我们的口袋里塞钱的活雷锋，他们到我们身边来的目的也并非传经送宝，而是看中了我们通过辛勤劳动而积累的财富。

第二，靠长期复利的魔力来实现目标。

如果投资理财的回报预期并不高，那么我们能实现财富保值增值的目标吗？

能！不但能实现财富保值增值这样的“小目标”，而且能让我们“慢慢变富”，走向财富自由，这靠的就是长期复利的魔力。

在深入分析投资的复利魔力之前，请允许我先分享一个故事。

古代印度有一个国王，他在与老人下完国际象棋后，满意地对老人说：“你给我带来了无穷的乐趣。为了奖赏你，我现在决定，你可以从我这儿得到任何自己想要的东西。”老人慢条斯理地回答道：“万能的王啊，您虽然是世界上最富有的人，但恐怕也满足不了我的要求。”

国王皱起了眉头，严肃地说道：“说说你的要求吧，哪怕你要我的半个王国，我也满足你。”于是，老人说出了自己的要求：“请国王下令在棋盘的第1格上放1粒小麦，在第2格上放两粒小麦，在第3格上放4粒，在第4格上放8粒……就这样依次每增加1格增加1倍小麦的数量，一直到第64格为止。”

“你的要求就只有这么一点吗？”国王不禁笑了起来。他立即命人取来一袋小麦，按照老人的要求在棋盘上放小麦。一袋小麦很快就用完了，国王觉得很奇怪，立刻命人再去取一袋来。接着，第3袋、第4袋……小麦堆积如山，但是离第64格还远得很。最后，国库里的小麦已经搬空了，却只放到了棋盘上的第50格。

这个故事描述的就是投资理财的“复利的魔力”。

复利效应的确很有魔力。对于复利的计算，有一个简易的算法叫“72法则”，就是用72除以年收益增长率，就可以得出资金翻番时间。假如我们将1万元投资了基金，每年赚20%，那么大约需要3年半的时间，我们的1万元就会翻番成2万元。依次类推，如果我们足够长寿的话，整个世界的钱可能都是我们的了。

然而，如果只是区区万元的本金加上足够的耐心就能让我们变成千万富翁，那么为什么身边的千万富翁的数量还是不如一文不名的穷人多？问题就出在“20%”上。有些人可能认为收益率达到20%有什么了不起的吗？有很多理财专家也表示，投资股票基金可轻松达到这一收益水平。然而，我们真可以像设想中的那样轻轻松松让财富实现每年20%的增长率吗?

其实，20%的平均年化回报率是难以实现的。试想各主要经济体的GDP长期增长速度远低于20%，公司业绩的长期增长速度也达不到这个水平。就大宗商品而言，通胀率不可能长期维持在20%的水平，商品价格又怎么可能长期维持20%的年增长率？如果每一个资产类别的长期年化回报率都难以达到20%，那么构成配置组合又怎能达到呢?

有人可能说："20%的平均年化回报率不就是股票的一个或两个涨停板而已！"不少人怀着实现财富管理取得超额回报的理想，带着金钱和激情冲进股市。然而，长期在股市奋战的投资者都知道结果往往事与愿违。

还是让我们冷静下来看看现实吧。投资者们无限仰慕的"股神"巴菲特亲自管理的伯克希尔在40多年内经历了多个周期的起落，年化回报率仅为19.4%。

2020年，各国央行为应对突发的疫情造成的经济下行，纷纷无限印钞以支持经济，于是黄金一度大涨，大家觉得靠超配黄金能实现20%的年化回报率。然而，如果从长期来看，从1990年到2010年这20年间，金价共上涨271%，年均仅为6.77%而已。如果再把时间拉长到30年，投资黄金的年化回报率仅为3.33%，与长期的通胀率无异。

那么，我们试把年化回报率降到10%，根据复利计算中的"72法则"，我们的资金每7年会翻一番。假设我们现在35岁，开始个人财富管理，以100万元起步，28年后，当时的财富翻了四番到1 600万元，再加上新积累下来的财富也不断加入来“滚雪球”。如果通胀不失控的话，那么财富的增值会令我们安享退休了。

尽管我已反复强调不要妄想一夜暴富，如果以追求迅速致富的目的来投资理财，就很可能堕入各种陷阱中。然而，靠长期复利的魔力，加上处于国内经济依然以中高速增长的背景下，实现财富保值增值只是一个小目标，实现“慢慢变富”也是完全有可能的。

有了以上两个前提，我们就可以开始制定投资理财规划了。

第二部分

如何正确投资理财

第三章

投资理财第一步：客观认识自己，找到最适合自己的理财之道

第二章分析过，投资理财首先需要建立合理的回报预期，然后靠长期复利的魔力来实现目标。而每个人的具体理财目标与回报预期都不一样，因此，投资理财应走的具体路径也不相同，最适合自己的理财之道才是最好的。找到最适合自己的理财之道前，通常的做法是，首先，要了解自己的财富情况（本金）和刚需（支出），以此得出可理财收入。其次，要了解自己的理财风格（保守/激进），愿意投入多少时间，以及想达到的理财目标。

我们该如何全面了解自己的财富管理需求、投资理财偏好与风险承担能力呢?

我们从风险评估问卷开始说起。相信大家无论开股票投资账户，还是通过银行账户买基金，都填过风险评估问卷。

风险评估的内容包括自己及主要家庭成员的年龄、职业性质、健康情况、现有的资产量、收入预期、对资金需求的期限等

客观因素。这些客观因素决定我们在投资理财运作中能够承担多大的风险。同时，我们需要评估自己的风险偏好（心理上能承受多大的潜在损失）、对投资品种的偏好等，这些主观因素往往决定我们在理财中承担风险的意愿。

有趣的是，客观因素与主观因素评估的结果不一致的情况经常发生。例如，有些人客观上能承担投资风险，主观上却非常不愿意接受有一定风险的投资。而有些人收入微薄且家庭保障脆弱，客观上根本不能承担投资风险，可主观上却愿意在高风险的理财领域放手一搏，还美其名曰“在股市上赚取每天的买菜钱”。

在客观因素与主观因素评估结果不一致的情况下，我们应当做出的选择是，如果客观因素评估的风险度高于主观因素，则跟随较低的主观因素风险度来制定投资理财规划；如果主观因素评估的风险度高于客观因素，则跟随较低的客观因素风险度来制定投资理财规划。这就是投资理财实践必须遵循的“谨慎原则”。

如何才能做到“全面客观分析”？我们一起通过以下案例分析来了解。

案例一

刚需买房资金，该如何配置

小P和小B计划明年春天结婚，两人都是普通工薪族，双方父母也是普通退休干部，且身体健康状况一般。两家人分别为小两口力尽所能地赞助了一笔购房资金。两人倾其积蓄加上双方父母的赞助，刚好凑够50万元的首付款，准备要签约购买早已看中的房子来作为婚房。然而，房价最近开始反弹，当时报价180万元的房子，现在要200万元了，首付款要60万元才可签约。小两口郁闷之余，觉得目前A股正处牛市，何不把握机会把这笔资金投资到股市中炒一把，在短期内赚10万元，理想中的婚房不就到手了吗？

真的可以这样吗？我们全面分析一下。

客观因素上，主要家庭成员年龄（父母年事已高）、健康情况（双方父母健康状况一般）、现有的资产量（倾囊而出还不够首付）、收入预期（普通工薪族）、对资金需求的期限（明年结婚），均不允许他们做高风险投资。

主观因素上，他们希望承担风险，通过投资股市来获取短期高收益。

在本案例中，承担风险的主观意愿远高于他们的客观能力，根据投资理财实践必须遵循的“谨慎原则”，投资股市显然是不合适的。实际上，股市风险高，万一亏了，房款估计是无着落了。并且由于他们没有其他的资产以弥补可能的损失，这样做不仅小家庭的财政状况会出现问题，年事已高的父母所依赖的保障也会缺失。

股票是一个必须进行长期投资的领域，短期的波动会超出人的预测范围。即使股市目前的牛市能持续，小P和小B买入的品种也未必能使他们在明年春天前如愿取得好的回报。如果在他们投入后，股市风云突变，进入了中期调整，而几个月后他们因资金需求必须结束投资，那么他们很可能要“在黎明前上断头台”了。

而且，在如此可胜不可败的窘境下做高风险的股市投资，两个年轻人在忙碌工作、筹备婚礼之余，还要为股市的波动而感到焦虑，这实为舍本逐末。

其实，小P和小B可以考虑其他办法。例如，购买银行低风险理财产品，其年化回报率为5%，他们手里的50万元每年带来的现金回报为2.5万元，只要自己再稍微贴补一点，就可租到同样价值200万元的房子。由于有了2.5万元投资理财的稳定回报来补贴房租，每月的实际房租支出负担不重，两人会比当“房奴”过得更轻松、幸福。

如果他们非要买了房才结婚，那么可以买一个小户型房子。俗话说：“金窝银窝，不如自己的狗窝。”小户型房子同样能带来幸福生活。

案例二

弹性消费资金，该如何配置

小张和小李双方家庭都非常富裕，婚房已经准备妥当了。两人打算明年举办婚礼，还早早地为婚礼筹集了一笔数目不小的钱款。为了不让资金闲置，再加上目前A股已进入牛市，小张便决意将这笔资金暂时放在股市中，他认为如果赚一笔的话，明年婚礼就能办得更体面些。如果你是小李，你会支持他吗？

当看过案例一再回答这个问题时，很多比较“专业”的读者可能很快给出答案：“当然不支持，因为他们明年就要使用这笔资金，万一不小心亏了，这婚结还是不结？”

这种回答似乎有理有据，但是不一定正确。大家可能没仔细分析，小张和小李的这笔钱只是用于婚礼的钱，属于弹性较大的资金，不像案例一中的小P和小B需要把50万元花在“刚需”上，在投入股市后纵使亏损，婚礼办得节俭一些就可以了，甚至可以向双方富裕的家庭“预支”一下。

他们显然是有能力承担股市投资的风险的，再加上他们也有意愿去冒一把险，因此，把这笔资金暂时放在股市中确实没有什么不妥。

那么，我们在管理自己的财富时，该如何配置好资产呢？首先一定要了解自己，充分了解自己的财富目标、自己的现有财富，从而找出实现财富目标的不同路径，再根据自己的风险承受能力选择相应的路径。

如果您是专业的理财师且希望给他人（如客户、亲朋好友等）合理的投资理财建议，就请一定建立在充分了解您的客户（KNOW YOUR CLIENT，简称KYC）的基础之上，从现有的资产量、收入预期、健康状况、风险偏好等不同角度来给出合理的投资理财建议。

我们再举一个例子来看该如何制定投资理财规划吧。

案例三

财务状况健康的中产阶层，该如何制定投资理财规划

客户基本信息

罗先生是XXX银行的一位VIP客户，他和太太王女士有一个8岁的女儿娜娜。

客户财务现状

2022年，罗先生35岁，在一家外企任人力资源总监，月薪50 000元（税后）。太太王女士是基层公务员，月薪12 000元（税后）。一家三口每月的总开销大约为30 000元，因此每月结余为32 000元左右。主要支出项目：房贷每月为20 000元，水电煤、通信、家庭生活用品的开销为2 000元左右，2 000元左右用于女儿的教育，还有6 000元的机动开支（用于改善生活质量、人身保险费用及社交等）。

夫妻双方都享有高标准的社保，单位缴纳“四金”。此外，罗先生公司有一份团体意外险，如发生意外事故赔付金额为月薪的4倍，还有一份保额为1 000 000元的定期寿险。王女士个人购买了两份万能保险，总保额为1 000 000元，现在的年化收益率为4.2%，以复利计算，保单已经生效5年，因此可以随时终止。

自有住房是两人的主要资产，目前市值约为5 000 000元，房贷余额为3 000 000元。

其他资产方面，目前夫妻约有1 000 000元存款，每年存款利息约为40 000元。同时他们长期投资了200 000元某混合型基金，但是3年来净值上上下下，最终没有什么收益。他们还各自拥有一辆价值200 000元的家用汽车。

在其他收入来源方面，罗先生前一年年终奖为100 000元；王女士周末偶尔到大学讲课，全年收入共30 000元。

每年的年度开支主要为10 000元左右的汽车维修费及保险费用，以及50 000元的出国旅游费用。年度结余一般约为494 000元。

客户理财需求

受到疫情的影响，罗先生受雇的企业也处于停工停产状态，职业前景不太明朗，所以他开始认真思考家庭投资理财规划的重要性，并请我们根据对其家庭状况的掌握，就其潜在日常理财需求进行评估与分析，以及提供具体的实施方案。

此外，夫妻两人希望能把握现在事业上的黄金时期积累足够的财富，让退休后生活无忧；同时积累够女儿大学到国外留学的费用。他们还希望再买一套更宽敞的复式房或联体别墅，现有的房子如果可以不卖就准备出租。

假如我们是专业的理财师且已经为罗先生提供理财服务多年，我们该如何为他建议？

我们试分析如下。

需要重点关注

罗先生夫妻两人现在每月都有可观盈余收入，该如何优化投资理财的资产配置，实现财富的保值增值？ 女儿10年后的大学教育费用如何预留与投资？他们还打算再买一套更宽敞的住宅，负担得起吗？这将如何影响他们的财务状况？罗先生是家里的“顶梁柱”，但其所在企业因疫情影响而停工，因此，在制定家庭投资理财规划时必须考虑罗先生万一失去工作一段时间，家庭财务状况明显恶化的应对方案。

案例参考建议（答案不唯一，以合理为准）。

1.收支情况分析（见表1、表2、表3）。

表1　月度收支状况　　单位：元

收入		支出	
罗先生	50 000	房贷	20 000
王女士	12 000	平常生活开销	2 000
		子女教育费	2 000
		社交等	6 000
合计	62 000		30 000
每月结余	32 000		

表2 年度收支状况 单位：元

收入		支出	
年存款利息	40 000	汽车维修、保险	10 000
王女士讲课	30 000	出国旅游	50 000
罗先生年终奖	100 000		
合计	170 000		60 000
每年结余	494 000		

表3 家庭资产负债状况 单位：元

资产		负债	
存款	1 000 000	房贷	3 000 000
万能保险（两份）	1 000 000	车贷	0
基金	200 000	消费贷	0
房产（自住）	5 000 000		
汽车（两辆）	400 000		
资产总计	7 600 000	负债总计	3 000 000
净值 （资产－负债）	4 600 000		

2.资产配置分析（见表4）。

表4 家庭财务诊断结果

指标	数值	理想经验数值
资产负债率	39.47%	小于50%
净资产流动比率	47.83%	约为15%
债务偿还比率	32.26%	小于35%
净资产投资收益比率	1.8%	大于6%

3.资产负债分析。

罗先生一家的资产负债情况健康，负债率不高，主要是房贷。存款等流动性资产与房子等固定资产的比例也比较高，家庭财务安全垫子较丰厚。

然而，大部分可投资资产沉淀在存款、万能型保险等长期性低收益的“防御性资产”中。从财务状况看，罗先生一家的风险承受能力较强，如果有承担风险的意愿，那么建议其提升进取型金融资产的配置，适度承担风险以换取回报潜力的提升。

4.收支平衡分析。

夫妻双方有稳定的工作收入，每月、每年都有较多的收入盈余，是典型的中产阶层。

所以，建议其加一些定期持续投资，如基金组合定投，可以考虑以每月10 000元左右金额进行基金定投，长期的基金定投可以提升投资收益，同时，为退休后的收入补充做好资产储备，也可以通过设立专门的基金组合定投为女儿未来的教育做储备。此外，罗先生家庭的保险产品中除罗先生所在公司提供的保障型保险外，王女士自己购买的总保额为100万元的万能保险属于投资型保险，而且投资的回报率仅为4.2%，要实现财富保值增值的目标不易，因此建议其变更并增加保障型保险的投入。

5. 投资理财策略及解决方案。

（1）投资策略。

罗先生一家可投资资产中100万元为存款，100万元为万能保险，仅20万元为混合型基金。投资策略偏保守，长期可预期净资产投资收益比率偏低。基于夫妻双方均为非专业投资人士，建议罗先生一家以基金组合（一篮子股票基金与债券基金的组合）为主要投资工具，通过资产管理行业专业人员管理来实现财富适度增值，增加资产性收入。例如，可考虑把100万元存款中的50万元配置到基金组合中，并增设每月1万元定投到同样的组合中。也可把罗先生的每年年终奖部分投入，这样一来资产配置更为均衡，回报潜力将明显提升。

调整以后，罗先生一家依然有50万元的银行定期存款可以随时动用应急。这笔应急款项相当于罗先生10个月的税后工资收入，一旦罗先生的职业前景出问题，他不幸失业，这笔应急款项就能确保其家庭生活质量不下降，罗先生也有充足的时间重新找到相似的新工作。

针对10年后女儿的大学教育费用，建议设立专门的投资账户，以每月股票基金定投5 000元的方式来为女儿积累今后的教育费用，选用国内市场的主流指数型基金组合（如沪深300、中证500各50%）的投资方式，与中国经济共同成长，实现财富保值增值。10年后，教育储备资产足以支付女儿的大学教育费用。

（2）保险策略。

除了享有社保，罗先生还享有公司提供的团体意外险与定期寿险，均具有较好的保值功能。因为罗先生是家庭主要收入贡献者，所以建议其增加医疗险、大病险等医疗保险和医疗补贴险的保障。

王女士只持有万能保险，国内的此类保单几乎不具备保障功能，且投资进取性也不足，由于保单已经生效5年，可以随时终止，建议其终止这两份万能保险，改为具备长期保障功能的终身寿险，或者能在将来作为退休辅助收入的长期年金型保险。

（3）换房策略。

罗先生一家收入稳定，目前每月又有明显结余，负债率不高，本可以利用新的房屋贷款尽快实现换房计划。但基于疫情对罗先生所在企业的影响很大，罗先生的职业前景不确定，如果万一失去工作一段时间，新房还贷压力更大，因此建议其暂时搁置换房计划，等罗先生的企业前景好转，则可实施换房策略。新房总价控制在800万元以内，罗先生将原有的价值500万元房产出售后，还完原住房的房贷，剩下200万元可成为新房的首付款，再加上部分储蓄，总的房屋按揭贷款不超过新房总价的70%，每月的房贷为3万元左右，对家庭总支出并不会构成太大威胁。

我们不建议罗先生一家在购买新房后依然保有原住房并出租，因为在目前国内大城市房地产普遍高价的背景下，出租的租金回报率低，租金收入远不足以覆盖房贷支出，如果不售出原住房，则资产负债及每月收支状况会显著变差，而且，从长期而言，房地产今后的升值空间也是有限的。

第四章

投资理财第二步：提防投资正道周围的陷阱与地雷阵

随着居民收入的快速增长、财富的迅速积累，物价指数节节攀升。投资理财成为新的“刚性需求”。然而，国内的金融体系与机制有待完善、投资者的正确理财理念有待建立，衍生出一些不诚信、多欺诈的理财灰色地带，形成了各式陷阱与地雷阵，投资者一不小心陷入其中，会遭受重大的损失。

陷阱一：相信投资“天道酬勤”，频繁操作

我们都知道勤劳致富，然而，对于投资理财，却是“天道不酬勤”。

大家读到这，估计会生气，并骂道：“这个家伙竟敢冒天下之大不韪！”

过去10多年，很多人在房地产市场获利颇丰，但到了股市情况就有所不同了。A股虽然大起大落，但总体上有明显上涨

（2005年，上证指数从1 000点左右起步至今）。然而，鲜有投资者因此取得了好的回报。究其原因是投资者频繁买卖。

国内股市活跃，热点转换较为频繁。基于投资收益率最大化，有不少投资者因热衷于预测短期涨跌和追逐热点而采取波段操作，即大盘股启动前全部持有大盘股，而当热点转到中小盘股时又全盘投入。他们在应对不同行业股票的投资机会时做出了同样的判研和操作。另外，在资产配置上他们也力图做到：当行情上涨时，100%投资股票；当行情下跌时，100%持有现金。

从表面上看，上述操作近乎完美，能实现投资收益率最大化。然而，实际上并不是这么回事！相关数据揭示出一个残酷的事实：即使碰上好年景、大机会，例如，2007年A股碰上“百年不遇”的大牛市，代表整个市场表现的沪深300指数全年涨幅近400%，又如，2014—2015年A股的涨幅是全球不同资产类别中最大的，亏损者也占大部分！碰上不景气之年，投资结果更是不忍卒读。

美国有一份精心研究波段操作但未出版的报告断定，如投资经理进行波段操作，在计算错误和加以成本之后，投资经理对市场的4次预测中必须有3次正确，他的投资组合才能损益大致相抵。另一份研究报告研究了美国100只退休基金及其波段操作的经验，发现所有退休基金都进行过波段操作，但没有一只能靠波段操作提高投资收益率，而且，100只退休基金中有89只因为波段操作而亏损，在5年内，平均亏损率高达4.5%。

为什么波段操作这么不容易提高投资绩效呢？因为把握波段

失准是大概率事件。而波段的真正确认，都是在事后了。举一个例子，在上一轮全球金融风暴中，花旗银行的股价先从50美元一直跌到1美元以下，然后很快反弹至4美元，有不少人说："当股价在1美元时，我介入好了，做一个波段。"然而，从概率上看，当股价在4美元以下时介入并坚持持有到赢利的概率，比在股价从50美元降到4美元的过程中介入坚持到现在亏损的概率要小很多！因为要介入的，往往在股价降到4美元之前就介入了；要等的，往往在股价降至1美元时还在等。顺便提一句，后来花旗银行实行股票的合并（十股合并成一股），到2022年年初股价约为65美元，相当于合并以前的6.5美元，离金融风暴前的高价还远着呢！

虽然股市的表现从长期来说总体上是上涨的，但是投资者频繁的主动操作恰恰容易使其错过涨幅最高的几天。我们发现，在剔除掉涨幅最高的几天后，指数的收益率会大幅度下降，甚至会出现负收益。这从美国市场可得到很好的验证。我们选取过去股市相对平稳的10年期（剔除2007年后市场大起大落的数据）来分析，标普500指数在1997—2006年这10年间平均复合收益率为8.42%，如果投资者错过了10年间表现最好的5天，平均复合收益率仅为5.67%；如果投资者错过了10年间表现最好的10天，平均复合收益率会显著降为3.42%。

而国内实际情况完全一样。相关统计数据表明，主动管理型的公募基金经理大多采取把握不同主题的波段操作策略，其在业绩上非常不稳定，上半年的"明星"往往在下半年就陨落。长期跑赢指数的确实屈指可数。

大家越是过于关心宏观政策及经济数据的变化，越是想据此“勤劳致富”，则投资操作越频繁，付出的交易成本越大。

在实际操作上，国内投资者往往着眼于短期赢利，通过多渠道搜集信息，有时甚至通过所谓的“内幕”消息马上买入或卖出。于是在全球范围内，就有了换手率最高的股票市场，分别为：第一，A股创业板与科创板；第二，A股中小板；第三，A股主板。

从市场整体来看，2015年“人工牛市”高峰时期，沪深两市每天总成交量达2万亿元，按万分之五的买卖双方平均交易手续费算，每天为20亿元，交易印花税卖方按1‰计算，共20亿元，一年按200个交易日算，手续费加上印花税共8 000亿元，融资融券余额为2万多亿元，一年利息共2 000亿元。上述各项股民合计要在二级市场一年上交1 万亿元的巨款，也就是说，A股每年都会“消灭”1万个亿万富翁。对比一下，全部上市公司2014年的分红总额才为6 100亿元。这样一算，就知道股市一年有多少财富被消灭了。

对投资者而言，频繁买卖带来的交易费用不容小觑。假设投资者每日仅买卖一次，交易佣金率买卖各占0.05%，加上单边印花税税率为0.1%，共0.2%，保守估计一年按200个交易日算，40%的本金就以交易费用的方式被“消费”掉了。许多投资者每天在股市中忙忙碌碌，一年下来，实际收益率不高，所以，该好好反省一下自己的“勤劳”了。

大家依然会说："'股神'巴菲特投资好公司的价值投资方法只适合于美国市场，对我们不适用。"其实不然。

巴菲特投资我们国内的比亚迪就是一个成功的例子。巴菲特在2008年9月通过中美能源控股公司以每股8港元价格购买了2.25亿股比亚迪股份，约占比亚迪总股份的10%，巴菲特表示，他看中的是比亚迪这家全球电池业巨头在发展电动汽车方面有其他汽车厂商所不具备的优势，同时他看好新能源汽车未来发展趋势。巴菲特坚守比亚迪10多年不动摇，尽管期间经历了中国股市两轮的牛熊周期，比亚迪的股价也多次有大幅起落。质疑巴菲特眼光的说法此起彼伏，但巴菲特坚守信念、坚持投资，至2022年年初获得的回报已经达20倍以上，成了"股神"一生的最佳投资之一。同时，比亚迪在A股上市，A股的价格还一直比H股高，可是我们却很难找到一位在A股二级市场中可以如巴菲特一般长期坚守比亚迪的个人或机构投资者。

关于投资理财的一个重要常识是，必须"懒于行动"，从而尽可能减少交易与操作，同时勤于读书与思考以培养从容淡定的投资心态。

事实上，在我所认识的每天在股市、汇市、期货摸爬滚打和追涨杀跌的投资者中，没有一个因此而致富。相反，在过去10多年间，不论淡定长期持有好公司股份的人，还是坚守一线城市好地段房子等优质资产的"无为"投资者，都轻松取得了超额回报。

其实，如果投资者希望通过股市分享中国经济增长的长期成果，那么大可不必每天在市场中盯盘、打听、买卖，投资者只要以淡定的心态，从容选取一篮子经营稳定、有一定成长能力的“好公司”股票，以合理的价格买入并长期持有，就可以轻松做到。如果希望通过自己在市场中频繁买卖来获取超额回报，即想从市场的其他参与者身上赚钱，往往会事与愿违，只能收获“疲惫与焦虑”。

陷阱二：做投资上的“聪明人”，反被“聪明”所误

投资理财成功的方法其实很简单：低买高卖。为什么到了股市为何就不一样了？大家都知道A股有“七亏二平一盈利”的定律，但遵循这个定律并成功做到的投资者寥若晨星。何至于此？因为投资者都太聪明了！

很多自认为聪明的投资者都会把“在别人因恐惧而抛售时买入，在别人因贪婪而买入时沽出”这句话挂在嘴边，但能真正执行的投资者寥寥无几。实际上，大家在市场低迷时往往会等更低时再买，在市场高涨时也会等更高时再卖，因为自认为聪明的投资者觉得自己能准确猜测市场的涨跌，而非完全按投资规律或价值来投资。

我们先重温一下奥斯卡金像奖获奖电影《阿甘正传》里的主人公“阿甘”的故事吧。

阿甘于二战结束后不久出生在美国南方亚拉巴马州一个闭塞的小镇，他先天智障，智商只有75。但上帝并没有放弃阿甘，不仅赐予他一双疾步如飞的“飞毛腿”，还赐给他一副单纯正直的头脑。在学校里，阿甘与金发女孩珍妮相遇，他记住了珍妮的一

句话——遇事第一时间就“跑”。之后，阿甘开始了一生不停地奔跑，跑向了财富自由。

在中学时，阿甘为了躲避别人而跑进了一所大学的橄榄球场，就这样被大学破格录取，并成了橄榄球巨星，受到了总统的接见。

在大学毕业后，阿甘应征参军。在一次战斗中，他所在的部队中了埋伏，他坚持“遇事就跑”，结果不但保住了自己，而且因为救了许多战友而成了英雄，再次受到了总统的接见。

后来，他服从命令作为美国乒乓球队的一员，来到中国参加乒乓球比赛，为中美建交立了功。之后，他以他的单纯正直碰上了一系列机遇：他教“猫王”埃尔维斯·普莱斯利跳舞；帮约翰·列农创作歌曲。

最后，他在“说到就要做到”信条的指引下，到牺牲的战友的故乡捕虾，飓风当前，同行纷纷逃散，阿甘却毫无惧色……结果，溜之大吉的同行的船几乎全被打烂，顶风而上的阿甘的船经受住了飓风的袭击。他也因此成了一名企业家，成了富翁……

之后，他更是买入大名鼎鼎的苹果公司股票，从此真的不再需要为钱而发愁了。

阿甘的成功之道非常简单：单纯正直、知行合一、心无旁骛、长期坚持。

如果让《阿甘正传》里的主人公“阿甘”来A股投资，那么他会如何做？虽然不懂得预测市场的起落，但他一定能认投资“低买高卖”的死理。在2015年主板5 000点、创业板4 100点上方市场最疯狂的时候，在众多投资者高喊着“改革牛”“为国接盘”“这次完全不同”而蜂拥而入之际，阿甘一定能牢记珍妮的话，“遇事就跑”，全部卖出而撤退。

那么，到了2020年，由于疫情而导致全球市场大幅下跌，阿甘会如何做呢？如果我们让他看到A股无论是周期趋势还是估值水平都处在值得买入的低位，认死理的阿甘就一定会马上跑步进场，而“自作聪明”的投资者则会使劲猜着底部的点位，测着抄底的时机，画着可能的K线……

投资者都太聪明了，可惜聪明反被聪明误。“低买高卖”的投资常识原本简单，但是人性的“自信”“贪婪”“恐惧”等弱点让他们“化简为繁”，往往在实际操作中变成了“高买低卖”。结果当然是适得其反。

阿甘投资“苹果公司”而实现财富自由的前提是，他的情绪能不为短期的涨跌所动，因此在遇上了好公司时他能做到心无旁骛地长期持有好公司股票。

下面以我自己为例，分享一下投资的经验与教训吧。因工作关系，我对国内的酒文化有比较深刻的了解，而且一直认为名牌白酒是我国源远流长的民族文化的一部分，值得长期投资。因此我从1998年名牌白酒“五粮液”上市就参与投资了。开始，我一直希望以“高抛低吸”的波段操作来实现收益率最大化，结果，虽然我在1998年和2001年两轮买卖中均获利，但错过了2005—2007年的“10倍回报”。

后来，我吸取教训，在2014年年初低位买入，经历了2015—

2016年的N轮“异常波动”却长期持有，到2019年年初，5年间有了5倍收益。于是我继续坚持，到了2020年8月，我在2014—2015年分次买入的、平均成本不到20元的五粮液股票价格在2020年年中攀升到了200元以上，顺利实现了“10倍回报”的预期目标。不过，如果我能在五粮液股票于1998年以15元左右价格发行上市时就买入并一直持有至2021年年初股价最高位的话，把分红、送股都考虑在内就有几百倍的收益了。也就是说，我在1998年只要投入1万多元，“笨笨”地一直坚持到2020年年中，就能成为一名不折不扣的百万富翁。

巴菲特曾经说过：“假如我们的IQ有160，把其中的30都卖给别人吧，因为投资用不着那么高的IQ。我们需要的只是适合的气质。我们要能够摆脱他人的观点对自己的影响。”

成为成功的投资者，需要的并不是过人的聪明才智，而是阿甘所具有的“单纯正直、知行合一、心无旁骛、长期坚持”。

当然，如果能学巴菲特，把长期的投资理财回报提升一下，那么我们可以用更短的时间实现财富自由的“小目标”。我们该如何学习巴菲特呢？

陷阱三：向股神学“炒股票”，谢绝投资好公司

近年来，一年一度全球投资圈盛会——以“股神”巴菲特为主角的伯克希尔年会成了中国人主导的“派对”，一到5月，我的许多投资界的朋友要么还在举办地奥马哈，要么在回国的路上。大会提供的同声传译只有一种语言：中文普通话（Mandarin

Chinese)。

参会的中国投资者中有个人投资者、机构投资者、专业的资产与财富管理人、已完成创富而期盼家业长青的企业家、长期关注资本市场的资深媒体人，他们大多怀揣着向“股神”取经的愿望，期待取得驾驭股市而投资战无不胜的秘籍。

“股神”巴菲特的老搭档芒格曾经表示，和美国股市相比，中国股市存在的机会要大得多，一个出色的渔夫肯定可以在中国找到更多大鱼，中国是一个让人心情更愉悦的好渔场。巴菲特则直接指出，我们有这样一个机会，但没有约束整个市场发展的准则，中国股市作为新兴市场，有全民的参与，会变得投机，而投机是一种不太聪明的做法。

国内许多投资者表面上尊崇巴菲特，实际上却拒绝成为巴菲特！他们纷纷表示，巴菲特的投资方法不适合中国。

实际情况如何呢？巴菲特旗下公司伯克希尔投资过中石油和比亚迪，并且都获得了丰厚回报。

巴菲特在参与投资中石油时，中石油并不为国际市场所待见，1元多的白菜价无人问津，巴菲特斥资多次买入，其最终手中持有中石油股票总量超过23亿股，占中石油总股本的1.33%。以当时买入价每股1.7港元计算，市净率为1倍，市盈率为8倍，股息率为6%。5年后市场火热，他在11~15港元区间内连续卖出中石油股票，卖出时以平均卖出价计算，市净率约为3.5倍，市盈率约为17倍。投资总收益为720%，年平均复合收益达52%。

事实表明，巴菲特的价值投资方法用于投资中国公司同样可以获得成功。那么，为什么巴菲特投资中国公司能成功，而国内许多投资者却只在A股中收获“疲惫与焦虑”？原因在于，巴菲特践行的是“投资好公司”，而国内许多投资者仅仅是“炒股票”。

其实，许多国内投资者所热衷的“炒股票”，其实质是先把价值1元的商品推高到10元、100元，然后比谁逃得快。这是一场博弈游戏。

而巴菲特所践行的价值投资方法，好比先以5元或更低的价格买入价值10元以上的优质资产，然后与优质资产一起长期增值。

“投资好公司”是指精心“选”择朝阳行业里面的优秀公司，耐心“等”价格合理时买入，并长期坚“守”。“炒股票”就是每天看K线、听消息、追概念股、买卖股票。前者能长期实现财富保值增值，而后者只有除了收获“疲惫与焦虑”一无所获的份了。

尽管一直存在种种“成长中的烦恼”，但以经济高速增长为背景的A股依然没有少给国内投资者带来获利的好机会。

在史无前例的2005—2007年牛市之后，股市总体持续反复下行，但也有500多只股票在几年间陆续达到最高价，实现“涨10倍”的收益率。显然企业本身经营能力的持续提升是这些股票穿越牛熊“涨10倍”的最终决定因素。名牌白酒、传统名药、医疗健康、消费服务、金融产业等社会“刚需”行业成了诞生这些企业的“温床”。从2019年起回溯过去的5年，市场大起又大落，这些行业中的龙头企业（如贵州茅台、五粮液、片仔癀、爱尔眼科、格力电器、伊利股份、招商银行、平安保险等）复权后的股价涨幅超过5倍，成了真正穿越牛熊而不败的品种。只要这些股票在从2019年算起的未来5年内价格再涨一倍，就能轻松地为投资者实现“10倍回报”的梦想。

我一直劝导国内投资者“要投资好公司，不要炒股票”。为何如此？我举一个农夫种庄稼的例子吧。要有好收成，首先必须选好种子，等春天时播好种，然后等苗长出来，定期浇水、施肥防虫害，最后到金秋季节就会有收获了。哪有播种好频繁换种子，苗长出来又经常换地，甚至见它长得慢就去拔苗助长的？种庄稼的常识大家都懂，到了股市投资为何大家就把常识置之脑后呢？

很多投资者会问下一段股市怎么走，这时我会说：“我自己没有能力预测，也不认为有谁能预测几个月这样短期的走势。但是，可以预测的是，国内经济会保持相对高速增长，而在这样的背景下，投资好公司是能够带来好回报的。”

投资好公司才是投资者实现财富保值增值的投资理财正道。所以，学习巴菲特，就不要炒股票。

陷阱四：投资理财热衷于找速成秘籍，而不是积极学习基本功

作为金融业的长期从业者，我经常写一些文章来介绍一些投资方法和策略，其中也不乏如何判断公司价值和长期投资时机的经验（包括教训）分享，以及对投资市场（如股市等）中长期的

走势做方向性的判断。然而，我收到的许多读者反馈是，不要啰唆你的理论和方法了！告诉我明天哪只股票涨吧！告诉我现在买什么可以赚钱吧！

作为普通人，我无法回答这些看来只有上帝才能回答的问题。

不少读者一定反驳："能预测股市大势和个股涨跌的人多的是。市场上的'荐股大师''民间股神''投资能人'多着呢！我选个靠谱的就成了。"

的确，我的手机每天都会收到不少"忽悠"短信，也有各种不同形式的陌生电话，声称能为我所持有的股票"义诊"，并告知明天的大涨品种。不过，还是让我们一起看下面一个故事吧。

我是一个预言股票走势的"专家"。第一周，我向640名股民发出一封预言股票走势的信件，其中一半预言涨，一半预言跌。一周后，当然有320名股民收到了正确的预言，我又把已收到正确预言的人分成两组，给其中一组人发出预言上涨的信件……如此坚持6周以后，有10人已连续6周收到我始终预言正确的信件，这时候，我已经是真正的"股神"了！我想我可以再给这10个人发一封信说："你们已经连续6周收到了正确的预言，如果需要知道下一周的股票走势，那么请微信转账10 000元给我。"

在上述故事中，这位"股神"显然是一个骗子。他的技巧并不高明，为何还会有人上当？这是因为投资者人性中的贪婪导致其失去了基本的判断能力。成语"利令智昏"说明的就是这种现象。大家都是精明之人，但往往一旦进了股市就昏了头而盲从了。

试想想，其实逻辑很简单，陌生人推荐一个“必涨的股票”，真有这样天上掉馅饼的好事？真有如此送钱入别人口袋的人？如有，那么大家都可轻而易举地成为富豪！而且，如果这些“股神”真能预测股票何时涨跌，他们早就成为与比尔·盖茨和巴菲特比肩的人了，还犯得着到处推销和忽悠吗？

一心想跟上“股神”的步伐而发财的普通投资者，就像急功近利的习武之人，希望能达到百战百胜、天下无敌的高境界，但又不认同“从练基本功开始”，只想有高人传授“秘籍”。这显然是不现实的。

尽管市场上热销的都是“股市百战百胜”“战胜庄家”“战牛斗熊”等鼓励大家在股市发财的炒股“秘籍”，我身边有很多10~20年投资经验的老股民，却找不出谁是真正通过二级市场投资实现创富的。我认识的曾经被称为“股市牛人”的也不少，他们的结局不外乎这几类：因拿了不该拿的钱而跑路不归；被贪念支配不可自拔最终陷入牢狱；因杠杆爆仓而变得一文不名。

国内曾号称“战无不胜的股神”的徐翔，过去几年一直在牢中服刑。仔细阅读一下他的判决书就能发现，他过去在二级市场中“驾驭风云”的能力，指的既不是基于勤奋研究而找到好公司的能力，也不是机敏的市场交易技巧，而是源于与一些不良的上市公司做赤裸裸的市场操纵与勾兑，也就是“坐庄”。

在二级市场的投资者往往有“股神”情结：一是希望自己成为“股神”，二是退而求其次追随“股神”。然而，国内股市20多年的历史告诉我们，投资者无论是专业的还是业余的，都成不了百战百胜的“股神”，市场中本无“股神”。

即使是专业的分析人员，也不可能准确预测市场和个股的短期走势。市场中有许多专家把精力放在预测和判研买进和卖出的时机上，然而，其成功的概率非常低。所谓的基于各种观测指标之上的技术分析，虽然貌似专业，但都只能用来事后解释已经发生的市场走势，而鲜有能准确预测中短期未来市场的走势。不信的话，请找来一段时间（如3个月）的证券报刊，对照一下专家的技术分析和市场的实际走势，比较一下各个知名机构的“金股推荐”与其后的实际表现，就知道技术分析是何等的不靠谱了。

其实，对于媒体上的各种汗牛充栋的股评文章和荐股报告，投资者基本可以忽略不看且不会让自己有任何损失。

除了以上4个陷阱，还有6个一旦不小心踩到就会爆炸的地雷阵需要我们躲避。

地雷阵一：受“高收益”诱惑而参与各种“财富管理”平台的投资

所谓的“三方财富管理”行业连续“爆雷”：从前几年的泛亚、e租宝、大大集团、快鹿、中晋、证大，到小牛资本、红岭创投……无论包装得多么漂亮，只要涉及P2P，就几乎没有不出事的，只是早晚而已。知名平台的陆续“出事”，让许许多多的追求高固定收益的理财者寝食不安。诚然，不乏“财富管理平台”是一直坚持规范经营的，然而不少专业人士认为大部分的“财富管理”平台都经不起监管核查，这倒是毫不夸张的说法。

在经济增长速度较前期放缓的新常态下，随着对金融行业监管的加强，资金面不再宽松，这些靠不断募资来支撑的“财富管理”平台依然是会出事的。

从本质上看，不少“财富管理”平台是实际控制人的融资平台，这些平台首先通过承诺吸引人的固定收益募集客户资金，然后把募集到的资金投向各类非标准化的债权、项目、地产、举牌上市公司。因为募集资金的成本高，如果进行稳健的投资，获得的收益率则无法覆盖成本，所以平台选择铤而走险，投资高风险而流动性差的项目，随着时间的推移，高风险投资的出险率会提高，募集资金的本息兑付也更难实现。

一些平台甚至并不是实实在在地在做财富管理业务，而是不断向投资者承诺高收益来募集资金，并把募集来的资金的一部分用来对之前募集的少量资金进行还本付息，一部分用于维持平台运营，还有一部分用于个人挥霍。早期崩盘的e租宝就是这类“庞氏骗局”的一个典型，其号称提供的是类似余额宝的理财产品，但这个产品的收益比余额宝多很多，采用的是更安全的A2P模式，以融资租赁债权转让的方式为客户带来收益，并通过广告宣称安全性毋庸置疑，在收益方面，年化利率在9%~14.6%不等。那么问题来了，一般融资租赁资产的资金成本在7%左右，如何变出9%~14.6%给投资者？经分析我们会发现，融资租赁债权转让基本为虚假标的。

“高收益”的背后其实是各种各样的“有毒”资产、“垃圾”债务。

这类“有毒”资产、“垃圾”债务的发明地其实是美国。

十几年前，随着美国房地产价格的逐渐回落和利率的逐步上升，大量借款者无力偿还贷款，以房屋按揭贷款为基础资产的次级债出现大面积违约，于是引发了次级债危机，各种“杠杆”与“创新产品”更是大大地加剧了危机的传导。这场危机不仅使许多全球知名的一流金融机构被一举击倒，美国自身经济遭受重创，还引发了一场影响深远的全球金融风暴。

从20世纪80年代末90年代初起，美国房地产经历了长达十几年的繁荣，住房销售量不断创下新纪录，房价也以每年增幅超过10%的速度攀升。特别是在2000年互联网高科技泡沫破灭之后，美联储一直保持的宽松的货币环境刺激了房地产市场的繁荣，被认为是用一个泡沫替代了另一个泡沫。2006年年初，当房地产总值达到峰值之时，美国家庭房地产资产总值已升至21.6万亿美元，在家庭财产中的比例提高到56%，而10年前总值不超过8万亿美元。

在美国房地产价格持续上涨的拉动下，房地产信贷也在膨胀。在房地产按揭贷款规模扩张的过程中，由于行业竞争，准入标准被降低，许多原本无资格或没有偿还能力的投资者轻易获得了按揭贷款。投资房地产获得按揭贷款的门槛也被降至“零首付”“零文件”，无须收入证明、资产核查，贷款人可以在没有自由资金、无稳定收入的条件下买若干套房。低利率加上房价一直上涨让投资者的自信心越来越膨胀。然而当利率不断上升，而房价掉头下跌时，这些通过次级贷款买房的投资者因不堪重负而违约，以次级贷款为基础的“按揭支持证券”及以这些“按揭支持证券”组合成的“担保债务凭证”也开始出现问题，这些不良资产加上杠杆就成了引发金融“海啸”的大规模杀伤性武器。

回到国内，情况与之有些相似，不少在财务杠杆方面“非常激进”的国内房地产开发商陷入了资金链面临断裂的困局，这就给我们敲响了必须防范次级债危机的警钟。

而且除了部分房贷，我们还有其他的类似次级债。

一类是地方债，根据相关法律和其他规定，地方政府本不具备举债的资格，然而过去其在各种各样的平台上通过信托、券商资管等方式大量融资。这类地方债信息不透明，缺乏明确的信用评级，规模也难以准确统计。还债来源基本上都寄托于土地市场，假如楼市开始下行，地方债的偿还能力是令人担忧的。

一类是企业债，它也是潜在的重大风险的次级债。2008年之前，中国非金融企业的杠杆率一直稳定在100%以内，危机之后加杠杆的趋势明显。负债率占GDP的比重从2007年的195%上升至2014年的317%，增加了122%；杠杆率从2008年的98%提升到2014年的149.1%。当今，企业债的违约已经不是新鲜事了。

最后一类就是所谓的“第三方理财”（含P2P及各类以“债权类产品转让”为主要“高收益固定收益”类产品的线下理财公司）产品。此类次级债风险最高，P2P的借款人都是因为被正规金融机构认为缺乏还款能力而拒之门外，转而向P2P借高利贷的，抵押物与信用记录也不可靠，这类次级债确实称得上是“垃圾债”。

为避免重蹈美国次级债危机的覆辙，国内监管机构近年来严格控制M2的增长率，采取“强监管”“去杠杆”的持续灭火式行动，挤泡沫、防爆破。同时加大对各类违法违规“理财平台”的清查与打击力度。

作为追求稳定、固定收益的风险厌恶型投资者，系紧安全带、看紧钱夹子是理性和必要之举。作为专业的理财专家，此时就能显现出为投资者识别风险和辨别地雷阵的价值了。

地雷阵二：普通投资者参与股指期货，如同驾驶新手参加F1比赛

投资者翘首以待的股指期货业务与股票的融资融券业务在2010年年初被正式推出。从市场建设角度看，股指期货业务和融资融券业务的推出无疑揭开了我国资本市场的新一页，从此市场由“单行线”变成“双向线”。交易规则和市场工具的国际化为市场的国际化进程铺平道路。市场的深度和广度被大大拓展，交易品种和创新能力都有了突破性进展，例如，以国内市场上市品种（指数、个股或组合等）为挂钩标的的结构性产品因对冲工具的具备而从无到有。具有技术含量的金融工程研究、衍生产品研究及交易方式逐步成为热点。

从市场参与机构的角度看，交易量和品种的增加会令交易所

增加收入、政府增加税收、券商和期货公司增加佣金进账。

对个人投资者而言，除了极少数既“专业”而又“输得起”的投资者，我一直不建议以“炒作”的方式转战股指期货或参与融资融券，将其作为直接投资手段。因为股指期货和融资融券关于保证金、当日无负债结算、强行平仓等特有的交易制度并不为绝大部分投资者所熟悉，而且在交易中加5~10倍杠杆大大增加了参与的风险。个人投资者如参与其中，就好比一个驾驶新手参加F1比赛一样，风险极大，难有胜算。

本来，股指期货既是对冲工具也是投资工具。理论上，股指期货市场应有套期保值、价格发现、投资和投机等主要功能。不同的市场参与者可根据自身需求而各取所需。对于具备实力而又有相关需求的机构而言，股指期货不失为一种很好的对冲工具。

例如，某大型养老基金持有一篮子以沪深300指数成分股为主的蓝筹股票。这些蓝筹股的组合为此基金带来不错的稳定股利收入。此基金可将股利收入用于派发养老金。然而，股票的价格波动会令此基金的净值上下波动明显。该如何解决此基金净值上下波动显著的问题呢？我们可以在持有以沪深300指数成分股为主的蓝筹股票的同时，卖出相应份额的股指期货合约。若沪深蓝筹股票涨了，基金的净值则应上涨，然而由于股指期货合约会发生几乎与之等额的亏损，两者会相抵消，基金的净值就会不变。同理，若沪深蓝筹股票跌了，基金的净值则应下跌，然而由于股指期货合约会产生几乎与之等额的赢利，如此一来，基金的净值也会变得稳定。

在国内市场，由于投资者普遍非常“进取”，交易异常活跃，股指期货的交易当然也不例外，就在股指期货交易的首日，虽然参与交易的投资者不足万人，但单日总成交额超过了600亿元。表面上看热闹非常。然而遗憾的是，股指期货市场的套期保值和价格发现这两个重要的功能根本没有在交易中得到很好的体现，多数投资者参与股指期货交易是利用其“投机”功能。

在股指期货市场中，有“套期保值”需求的是养老金、基金等主角，而配角以纯交易型的个人大户和私募为主，这些配角的投资目的仅是赚取差价。

由于配角们的交易比主角们活跃得多，因此很多时候股指期货在牛市时明显“升水”，而在熊市时长期“贴水”，形成现货价格与期货价格“背离现象”，进而严重影响价格发现与套期保值功能。

如果“背离现象”一直持续，做多的投资者就亏大了。有的投资者会说：“我持合约待涨，我有的是实力来补保证金，不怕被强行平仓。”其实这是一个理解上的误区。如果持续地补仓买入，升水的持续加上杠杆效应对于做多的投资者来说就如同把现金扔进碎钞机一般有去无回。当然，财富既不会凭空产生，也不会凭空消失，在上述例子中，升水的持续对于做空的投资者来说，就好比开动了印钞机一般爽气。

普通投资者参与股指期货交易，就好比同时开动印钞机和碎钞机，进场后，拿着钞票的手肯定在颤抖，这不是我们走投资理财正道所要的感觉。

以投资来达到财富保值增值目的的投资者，不应直接把股指期货作为投资工具。实际上，普通投资者最终是有间接参与的机会的。本节已提到，股指期货的推出会带来市场的深度、广度的拓展和创新能力的突破。一些跨市场（股市与期货）的套利品种，以国内指数、个股或组合等为挂钩标的的结构性产品等已陆续推出，普通投资者可根据自身的风险偏好结合回报需求，在原有投资组合的基础上增加这些创新型产品，以达到优化组合的目的。

地雷阵三：融资融券，“企图创富”的冒险工具

说到杠杆投资，股指期货的兄弟方案就是股票的融资融券交易。然而，以融资融券、场外配资、伞型信托等组成的混合杠杆，在2015年6月成了刺杀A股奔牛的利器。

其实，参与股票本来就是高风险投资，杠杆投资更是把风险水平提升到极致。一旦市场走势对自己不利，投资者就很容易血本无归。

有人说：“在这方以小搏大的天地里，只要克服人性的弱点，及时止损，就有机会实现小本大利。”其实不然，下面让我们回顾一下融资融券的前世今生吧。

国内A股的融资融券交易的雏形形成于1993年、1994年，当时，证券公司为在其营业部开户的大户们提供了一种叫作“透

支”的服务，客户也可以向证券公司营业部借钱买股票或借股票来卖。这就是融资融券的“初级阶段”，然而在这个初级阶段，大多数大户经历了从腰缠百万元到一文不名而被“扫地出门”，超级庄家德隆等轰然崩倒，不少券商也被拉进了亏损黑洞。

还是回到分析融资融券本身吧。在此，我想把在多年来参与美国、加拿大等地融资融券实际操作中所了解到的情况，与我国现阶段的相关现状进行对比分析，从而得出融资融券的引入对国内市场的影响，以及可能对投资者财富管理实务带来的变化。

在美国和加拿大，融资交易的方式有两种。一种是投资者在购入股票债券等后，先提取现券（而我国只有深圳市深发展投资管理有限公司等公司在20世纪90年代初发行过股票现券），然后抵押给银行来取得贷款，再投资，其优点是融资成本相对较低，缺点是手续较为烦琐。另一种是投资者通过向证券公司融资，扩大交易筹码，融资交易虽然有其特殊的买卖方式，但是从交割方式来看与现货交易基本一致。券商对投资者的融资，与个人股票质押向银行贷款不同，必须开立专门的信用交易账户，与券商为投资者的“透支”及券商作为中介人的“三方协议贷款”相似。其优缺点刚好与第一种相反。

在美国和加拿大，融券交易的方式也有两种：一是向券商或通过券商向其他投资者借券卖向市场，二是完全凭空卖的“裸卖空”。虽然卖空机制对于提高市场的价格发现效率有着非常重要的作用，而且总的来说并不会引起金融危机，但也有例外，例如，2008年年底金融危机愈演愈烈之际，美国曾一度担心过度的卖空投资会令整个金融体系崩盘而禁止对金融机构股票“裸卖空”，进而在一段时间内完全禁止对金融机构股票“卖空”。

其实，国外参与融资融券交易门槛较低，只要信用记录良好，投资者就可开立账户。我在10多年前就以有限的资金开通了融资融券，还可以买卖期权，甚至可以以一定的方式发起认购和认沽期权。然而，尽管开立账户门槛如此低，但参与的投资者的比例并不高，作为“勇于尝试新事物的专业人士”，我当年也仅“试水”了几笔而已。市场的数据更能说明问题，在交易制度完善、操作简便轻易、主要参与者均为资金量庞大的机构投资者的情况下，美国的融资融券交易的信用交易规模占证券交易金额的比重不到20%。

再回看中国，融资融券交易的信用交易规模占证券交易金额的比重在牛市中非常大。由于信用资金在市场中的交易更频繁，成交会非常活跃，融资融券会从增加利差收入、提高佣金收入、吸引更多的客户群体等方面对相关券商的经营业绩有所帮助。但这一“利好”在牛市中往往催生奔牛，甚至是疯牛。我们一起来回顾一下2015年6月股市“异常波动”前夕的市场景象吧。

除个别蓝筹板块外，当时A股市场全面泡沫化已是不争之实。如历史上的每一次牛市大泡沫中所见的一样，随处可以听到如下雷人雷语：“创神板没有泡沫，一直涨到20 000点”“世纪大牛市涨到2022年”“我们正处于一个伟大的时代”“这一次互联网概念与过去的泡沫完全不同”……

其实当时的盛景是建筑在超额的场内融资杠杆，各种场外配资高杠杆之上的，市场已经处于无以为继的状态下。

但是当时有专家提出：“泡沫不算什么，可以以实充虚，股价可以一直涨下去。”

所谓以实充虚，指的是股价虚高的上市公司通过不断并购提升盈利能力，从而把泡沫充实。其实这并不是什么伟大的发明，20世纪末互联网高科技泡沫高涨时期，许多纳斯达克上市公司就用过这一招。

实际上，以并购提升公司盈利能力从而充实泡沫的做法是不靠谱的，因为在泡沫期买入的资产大多价贵而质劣。当年2 000家纳斯达克的上市公司采用并购的方式来壮大公司规模，但泡沫期天价买回的资产最终难逃折价甩卖的命运。可见以实充虚根本不可行。回到国内，2007年A股泡沫的高峰期，平安收购富通，结果也是以大亏收场。

置身泡沫之中的投资者大多希望继续享受泡沫，生怕泡沫被刺破，于是找来种种理由当借口。例如，他们买入一些不具备投资价值的高价股，美其名曰“为国接盘”。其实是为高价减持的民营创业公司实际控制人、高管、PE等高位接盘罢了。

不过，泡沫的破灭吞噬的往往只是投机者的财富而已。

对于一般投资者而言，以融资融券、场外配资等不同方式加杠杆试图创富都是不靠谱的。从长期来看，股票市场的整体价格水平是向上的。一个分散的投资组合的本质是加大风险来追求高回报，而融券卖空的本质则是捕捉下跌时的赢利机会，两者都是为了“战胜市场”。

然而，市场历史经验告诉我们，以战胜市场为目的进行财富管理，结果基本上都事与愿违。

当然，对于高资产净值的投资者来说，如果已经根据自己的风险偏好，把大部分投资资产做好了包含不同类别基础资产的配置，只通过一小部分资产寻找“战胜市场”的感觉，以“心如止水”般的良好心态参与融资融券交易则未尝不可。

地雷阵四：各类收藏品和奢侈品价格波动大、流动性差、估值难

大多股市投资者在经历亏损之际也会怀疑股市投资是否能真正带来长期理想的回报。前期，在市场流动性依然异常充裕之际，不少人将目光转向了珍邮、红酒、珠宝、艺术品，以及各种其他稀奇古怪的“另类”产品，其基本属性是附庸风雅的收藏品或提升生活品味的奢侈品。

在投资组合中少量配置珍邮、红酒、珠宝、艺术品等资产，有其合理性。因为在市场系统性风险较大时期（如经济和金融危机压力时期），投资组合中的权益类资产会因股票市场极端下跌而大幅缩水，而这些资产与证券市场的相关性较小，有助于提升投资组合的抗系统性风险能力。

富裕人群把上述产品作为投资理财规划的点缀，实无不妥。

但是，对于普通投资者来说，它们的价格波动大、流动性差、估值难，如要参与，务必慎重再慎重。在日本“失去的十年”期间，大量曾经天价的“艺术品”被扔在国民家中一角无人问津便是前车之鉴。

另外，这些收藏品和奢侈品门类众多，每一类都需要专业人员去鉴别其真实价值。且市面上赝品众多，我们一不小心就可能遇上。

这些奢侈品、收藏品在不同程度上面临价格波动大、流动性差、估值难问题，因此也是普通投资者投资理财应该规避的地雷阵。

地雷阵五：大宗商品等另类理财品种的“脾气”难以琢磨

投资者通常会通过买卖商品期货合约的形式来参与大宗商品的投资。那么，商品期货真正的功用是什么？

一句话概括：通过套期保值操作，锁定预期利润。

商品价格的波动，会给商品的供应方或需求方带来经营上的不确定性，影响现货生产企业或贸易商的经营利润。为此，这些机构可通过在国内外商品交易所的套期保值操作，规避商品价格波动带来的经营上的不确定性，获取预期的商业利润。

卖出套期保值操作。

当商品价格处于下跌趋势时，商品供应方饱受商品销售价格下跌之苦，常会出现已签订合同的采购原材料价格和日后市场销售价格倒挂现象，并带来经营亏损，此时，该企业可在相关商品交易所进行卖出套期保值操作。例如，某小麦进口商签订从国外进口合约后，在国内相关交易所卖出小麦的电子合约，锁定国内小麦的销售价格，当国内小麦价格下跌时，在交易所通过转让电子合约获利，以弥补国内小麦价格下跌而造成的损失，从而使小麦的进出口贸易获得预期的利润。

买入套期保值操作。

当商品价格处于上涨趋势时，现货生产企业饱受原材料价格上涨之苦，常会出现已签订合同的成品销售价格和日后原材料采购价格倒挂现象，并带来经营亏损，此时，该企业可在相关商品交易所进行买入套期保值操作。例如，某生产企业签订国内钢材销售合同后，在相关商品交易所买入铁矿石的电子合约，锁定原材料的成本，当铁矿石价格上涨时，在交易所通过转让电子合约获利，从而弥补铁矿石涨价令成本上涨而利润摊薄的损失。

就既有实力也有相关需求的机构客户而言，利用大宗商品进行套期保值操作以达到锁定经营成本或预期利润，是非常必要和有效的。

但是，许多普通投资者并没有利用大宗商品做套期保值操作的需求，他们转而买入各种商品进行投资，希望实现财富保值增值。

例如，从酒桌上的国酒到生产用的金属及动力用的煤、天然气，再到农产品（蒜、姜、辣椒、糖、绿豆等），这些消费品都悄然具备了投资品的一切属性，成了“过剩的钱”疯狂追逐的目标，投资者美其名曰“另类理财”。以国酒、名酒类为代表的一些高级消费品的价格连连高涨，让“买消费品创富”的新概念开始深入人心，更有不少人期望以此实现致富目标。

诚然，我们的投资渠道较为有限，但把炒作消费品作为理财手段，期望实现财富保值增值的目的，长期而言，古今中外，均无成功的先例。农产品价格的轮番上涨，最终受益的既不是以农民为主的生产者，也不是囤积这些农产品的理财人士。我们看到“蒜您狠”“姜您军”等曾一度价格高居10元以上的“牛品”，现在都回归了平民属性，悄然躲在市场一角，以1~2元待售了。在这10多年农产品“过山车”般的行情中，真正获利的只是个别在收集筹码—制造题材—拉升价格—高位出货这一过程中幸运的资本玩家。

不少国内投资者也一直在尝试以各种方式参与国际大宗商品的投资。然而，让国内某大银行客户血本无归的“原油宝”事件，应该已经为这些投资者敲响了警钟。

2020年年初，全球新冠疫情的爆发影响了经济活动，导致一季度原油需求量大幅下降。一方面，供给严重过剩导致油价大幅下跌；另一方面，原油储存空间不足，引发原油抛售，也导致油价下跌。与此同时，随着油价下跌，储存成本大于油价，导致原油的进一步抛售和油价的进一步下跌（见图1）。

2020年4月15日，国际能源署（IEA）发布2020年4月原油市场报告，4月全球原油需求会同比减少2 900万桶/天，为25年来最低水平。石油输出国组织（OPEC）当时也悲观地认为，全球原油需求每日会减少2 000万~2 500万桶，相比前一年全球原

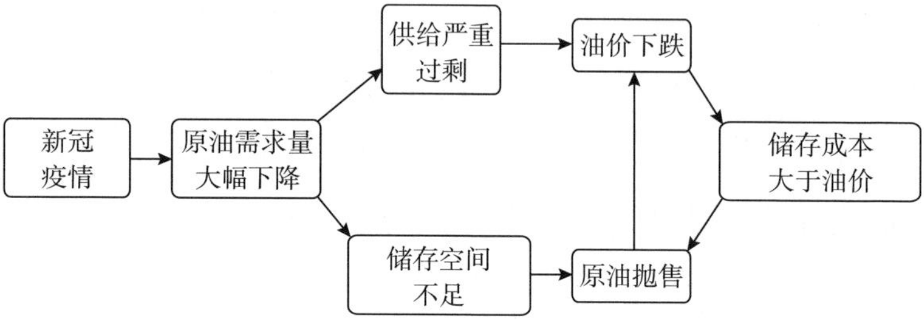

图1　2020年一季度新冠疫情期间原油需求变化（1）

油约1亿桶/天的需求量，蒸发了将近1/4的需求量。

事实上，2020年4月，各国的战略储备和商业库存都接近饱和，没有足够剩余空间吸纳更多原油。美国原油库存已连续12周增长，增幅创历史新高。

当时国内投资者普遍认为遇到了油价暴跌，也就是遇到了抄底的好机会，于是，国内不少银行推出各种原油产品，协助抄底原油。

一般来说，抄底原油的方式有两种：原油期货和原油基金。出问题的国内某大银行“原油宝”产品挂钩的是原油期货。

以原油期货为例，原油期货的价格取决于大家对未来原油价格的预判。随着原油价格的不断下降，原油期货的价格也会不断下降。

如果我们手里有一笔原油期货临近最后交易日，那么只有两种选择：一种是把这笔原油期货卖出去，另一种是“提货”（购入原油实物）。如果选择前者，那么在油价下跌谁都不愿意接手的情况下，我们只能大量补贴给交易对手各种成本。如果选择后者，我们就得耗费大量的交易成本，包括后期的运输成本和储存成本，得不偿失（见图2）。

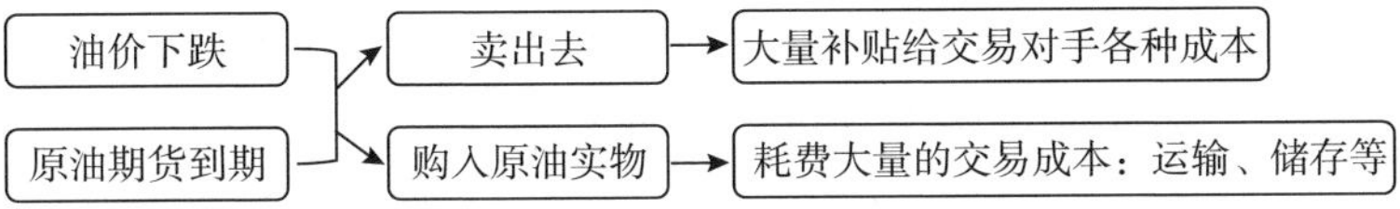

图2 2020年一季度新冠疫情期间原油需求变化（2）

很多投资者不准备进入最后交割环节，仅仅为了赚取价差收益，或者不具备相应资格。

对于这些投资者来讲，为了避免购入原油实物，只能选择补贴成本把原油期货卖出去。

原油期货和原油基金的专业性要求较高，并不适合普通投资者，但是参与的投资者也是有底线的，大不了就长期持有原油吧。

意料之外的是，原油期货跌至负值！

其实，在2020年4月15日之前，油价是不允许变成负值的。但4月15日，芝加哥商品交易所（CME）发布修改程序支持负油价，当时，所有的原油期货合约每桶价格还在20美元以上。

当天，CME把允许负油价的消息在官网上进行了公布，但国内某大银行并没有通知“原油宝”的投资者。而在“原油宝”的买家中，不乏投资小白，防范风险的意识不足，加上并不知道油价会跌至负值，所以他们之后在不断下降的油价中，基本上只能坐以待毙。

2020年4月22日（美国当地时间4月21日），是美国WTI原油5月合约的最后交易日。收盘时，美国WTI原油5月期货价格下跌55.90美元，结算价收于–37.63美元/桶，跌幅为305.97%。

这是自原油期货从1983年在纽约商品交易所开始交易后的首次负值交易。负油价意味着，原油市场出现了史无前例的、超出我们想象的、卖方必须向买方支付购买原油期货费用的现象。

据报道，这次原油期货负值涉及77 000手原油期货交易，总计亏损300多亿美元。

“原油宝”投资者不仅亏光了本金，还倒欠国内某大银行钱。

诚然，国际市场的大宗商品价格与供求相关，也与市场投机资金的流向相关。特别是相对“小众”的品种，因为交易量相对较少，操纵的难度较低，其走势基本上只与市场投机资金的流向相关。有人说：“大宗商品的价格其实就操纵在华尔街交易员的手中。”其实，此言不虚。作为一名在资本市场摸爬滚打30年的投资者，在每一轮市场的涨跌周期中我都能遇上新问题、新奇观。

所以，投资者期待通过投资大宗商品等另类投资理财品种来实现增加财产性收入的目标，显然就不靠谱了。

地雷阵六：各种虚拟货币，实际上是美丽的泡沫

虚拟货币的代表是比特币。尽管它在全球的经济体量中无足轻重，但近期的“耀眼”表现引起了不少投资者的注意。“耀眼”之处就在于其价格超常暴涨，2011年4月才初次踏上1美元的“高价”，两个月后就涨到了30美元，2012年2月跌至2美元，之后几经反复，近年来又连续大涨。

进入后疫情时代，全球央行史无前例地“大放水”以应对疫

情带来的经济下滑，以比特币为首的虚拟货币因价格大起大落而受到了投资者的极大关注，到了2021年，亿万富翁马斯克的加入更是为虚拟货币的暴涨与暴跌推波助澜。

1月29日，当马斯克把首页签名改为比特币时，比特币价格为3.3万美元。

2月8日，当特斯拉宣布拿出15亿美元购入比特币时，比特币价格大幅飙升至4.25万美元；

3月24日，特斯拉宣布支持比特币支付，直接把比特币价格推至5.45万美元的历史高位；

4月24日，当特斯拉宣布卖出10%的比特币后，比特币跌至5.11万美元；

5月13日，马斯克发言表示比特币消耗了过多化石能源，会停止对使用比特币支付的支持，于是比特币进一步跌至5万美元以内。

之后，比特币开启了持续下跌的漫长旅程……然而，绝大多数投资者都不相信它会就此沉寂，都在跃跃欲试地伺机抄底。

有人认为，比特币是颠覆性的创新，是我们不容错过的超级投资机会；但也有人认为，比特币仅仅是人类投资史上另一个“荷兰郁金香”而已。

那么，比特币是什么？得从上一轮金融“海啸”说起了。

2008年9月，以雷曼兄弟的倒闭为开端，金融危机在美国爆发并向全世界蔓延。为应对危机，各国央行采取了量化宽松等措施，并由政府动用天量的纳税人的钱，救助由于自身过失而陷入危机的大型金融机构。

于是，大众对金融机构与金融行业高管的不满达到了顶点，同时对央行与政府的这些慷慨之举产生了质疑，并一度引发了“占领华尔街”运动。

2009年，一个自称“中本聪”的日本数学教授提出了“比特币”的概念，并设计发布了开源软件及建构其上的P2P网络。比特币是一种P2P形式的数字货币。点对点的传输意味着一个去中心化的支付系统。

与大多数货币不同，比特币不依靠特定货币机构发行，而是依据特定算法，通过大量的计算产生。比特币使用整个P2P网络中众多节点构成的分布式数据库来确认并记录所有的交易行为，并使用密码学的设计来确保货币流通各个环节的安全性。

P2P的去中心化特性与算法本身可以确保无法通过大量制造比特币来人为操控币值。基于密码学的设计可以使比特币只能被真实的拥有者转移或支付。这同样确保了货币所有权与流通交易的匿名性。

比特币与其他虚拟货币最大的不同，是其总数量非常有限，具有极强的稀缺性，总数量根据设定的算法被永久限制在2 100万个。

2009年1月3日，中本聪在位于芬兰赫尔辛基的一个小型服务器上挖出了比特币的第一个区块——创世区块（Genesis Block），并获得了“首矿”奖励——50个比特币。于是，不受央行和任何金融机构控制的比特币正式诞生了。

在监管缺位之下，原本超前的区块链技术被包装成花式项目到处圈钱，直至形成了一系列产业链。一时间，各式虚拟货币交易平台纷纷上线，甚至衍生出利用虚拟货币融资的把戏，以太币、莱特币、狗狗币等各种虚拟货币层出不穷，现在已经有上千种类似的虚拟币粉墨登场。

这些虚拟货币历经起落，于2020年进入上涨的高潮阶段，其背景就是全球疫情下各国央行的印钞撒钱比赛，在流动性泛滥之下，投资者对纸币产生了极大的不信任，于是，以比特币为首的虚拟货币成了货币的蓄水池。

比特币的起步，是理想主义者们希望用区块链的理念，对抗中心化货币体系在应对金融产业无限膨胀及膨胀过度而引发危机时表现的无能，这两年，各类虚拟货币被认为是大众反抗一些不负责任的央行无制约印钞而付出通货膨胀税、铸币税的武器。

然而，当虚拟货币成了投资品后，在贪婪的驱动下，参与者就忘了初心。由于各种虚拟货币价格可以在短期内大幅上涨，虚拟货币逐渐演变成了能让参与者一夜之间改变命运的“神器”。

那么，比特币值得大家去参与投资吗？我们应该从以下几个方面予以考量。

（1）比特币本身并不是一项能创造新价值的技术。传说中的所谓能改变人类生活方式的区块链技术，目前只停留在探索阶段。

利用区块链技术的核心——因去中心化的分布式互联网数据库技术方案而设计出来的比特币，本身也不等于区块链，只能算是在底层应用了区块链技术的范例而已。创造改变人类生活的价值更无从谈起。

（2）以比特币为首的虚拟货币体系的诞生与成长被寄望成一场货币革命，并终将取代现有的货币体系。然而这种想法确实是太幼稚了。

要成为真正意义上可以被长期接受的货币，充分必要条件就是有国家主权信用的支撑，而以颠覆原有货币体系为目的的比特币，是一定不可能被各国政府及其央行接受的，让国家主权为其背书，无异于与虎谋皮，基本不可能实现。

（3）“总量有限”是以比特币为首的虚拟货币被投资者无限看好的立足点。大家总是认为“物以稀为贵”“过了这个村就没有这个店”，其实这是一种虚幻的自我想象和自我承诺。

比特币根据本身的算法，个数确实有上限；然而随着不同的虚拟货币如雨后春笋般地涌现，虚拟货币作为一个整体其实是可以被无限创设的。

（4）从本质上而言，传统货币的背后是国家的支持，而比特币是被“挖”出来的。

也就是说，比特币最初的“信用”是凭空创造出来的，与之相关的稳定币的信用也是隔空创造出来的，并不具备可靠的长期支撑属性。

（5）比特币挖矿需要消耗大量电力，且会造成较严重的环境破坏。这不符合各国政府倡导的节能减排、保护环境的大趋势。

有心人在2022年年初做过统计，如果将比特币作为一个“国家”的话，它在全世界近200个国家中用电量排名第29，已经略超过挪威整个国家的用电量。

而且，随着挖币难度的逐步增大，其用电量会越来越惊人。

2015年，平均2000度电能挖出一枚比特币。

2018年，需3万度以上的电才能挖出一枚比特币。

2020年，至少需要40万度电才能挖出一枚比特币，之后需要得则更多。

如果细数全球电力充裕且供电量庞大的国家，则中国首屈一指，因此，2021年年初我国占了全球比特币挖矿产业50%左右的算力（矿厂主要分布在四川、云南、内蒙古、新疆等地区），比特币的挖矿设备曾一度在我国大量运行。不过，后来我国政府已经取缔了比特币挖矿的行为。

（6）另外，除了炒作，因为具备匿名制和跨地域的流动性的特征，有些人还把比特币当作突破一些国家外汇管制的利器，更有犯罪组织把其当成犯罪的工具。

这就不由得各国的监管机构停止对比特币的迅猛发展“睁一只眼闭一只眼了”。

我认为，比特币作为投资品，其价格缺乏一个“锚”，可以值一亿美元，也可以值一美元，估值全凭投资者的情绪来决定，因而无法合理判断。

因具备“无国界、无控制、无交易限制”等特征，比特币对拥有者而言是有足够吸引力的。

投资与理财的正道在于追逐大概率的小成功，如参与“一将功成万骨枯”的小概率“豪赌”，则显然与投资理财的正道背道而驰。

不少人问：“看着前期比特币的价格如火箭般飙升，你心动了吗？”我坦率地说：“比特币价格飙升的逻辑我看不懂，其合理的估值我也无法判断，所以果断选择‘勇于不参与’。”

对于有很大赢面但是成功概率极小的投资（投机），理性的投资者不应该参与。

有人会说：“虽然马斯克也买了比特币，但他买不等于我们也要买。况且还有很多全球投资界名人选择不参与呢！”

而有人会说：“此时不参与就会错过历史性的机会！”那么请允许我再老生常谈一下吧，我们几乎每天都在错过各种“好机会”，这真没什么大不了的。

“伟大而不可实现”的终极目标，使比特币注定就是美丽的泡沫。虽然比特币的产生，被定义为“一场货币革命”，很多信仰比特币的人坚信以比特币为首的各种虚拟货币终有一天会取代现有的货币体系。但太阳底下无新事，泡沫膨胀得越大，其破灭带来的危害越大。古今中外，莫有例外。

作为旁观者，比特币及其他类似的虚拟货币，既然是不折不扣的美丽泡沫，那么我们坐视其破灭，也没什么大不了。

作为投资者，建议与此类泡沫保持距离，尽管泡沫在破灭之前是魅力无限的，但到了破灭之际，那就毫无价值了。大众对财富的追求无可厚非，然而，在贪婪的驱使下，完全脱离常识跟风追逐泡沫，最终的结果一定是财富的幻灭。

从总体上看，上述“另类”投资品的价格波动之大非一般投资者能承受的，对专业知识的要求也不是一般大众能达到的。如坚持参与，其结果多是以巨亏收场。因此，对普通投资者来说，这些所谓的“另类理财品种”并不靠谱，凭此发财更是天方夜谭。要想让“过剩”的钱保值增值，就要根据个人风险偏好，坚持投资传统的股票、债券、黄金等品种，做合理的资产配置。

第五章

投资理财第三步：理财如棋局，资产配置大点兵

在第四章中，我们列出了不适合普通投资者的理财产品，如股指期货、融资融券、收藏品、虚拟货币等。那么，作为理财时间有限、可支配收入不多的上班族，适合哪些理财产品呢？是银行理财产品、保险、黄金，还是股票、外汇呢？

很遗憾，都不是！这就好比盲人摸象中的几位盲人，说大象如同长蛇、扇子、绳子、柱子，只因为他们分别摸到了大象身体的一部分（鼻子、耳朵、尾巴、大腿）而已。在还未了解透彻投资理财之前，我们不能乱加揣测，乱做决策。

理财的起步，尤其对于上班族而言，应该是实行资产的多元化配置。也就是说如前面章节所说的，根据投资者的不同风险偏好与风险承受能力，把资产按合理的比例，分散到无风险的现金类、中低风险的固定收益类、中高风险的权益类（股票）等不同的资产类别中。

实行资产的多元化配置，能为投资者的理财组合带来稳定性，长期的财富保值增值目标由此也可以实现。

在象棋博弈中，我们都知道要想获胜既要利用能勇往直前的“车马炮”，也要利用虽然前进空间不大，但能起拱卫作用的“相”和“士”，我们的资产配置大棋局也大抵如此。

如果我们把股票等进取型资产看作替我们攻城略地的“车马炮”，那么能为我们看家护院的“相”和“士”就是银行理财、债券等固定收益类品种。在利率走低的背景下，固定收益类品种依然不失为偏好低风险的投资者的有效理财工具，它能为投资者提供稳定、较有保证的收益。例如，当前国内债券市场既是低风险甚至无风险，又是收益较高的市场，国债的利率合理，是很好的投资品种，而且作为金边债券，可以认为是没有风险；企业债和公司债的收益率较国债更高，风险也不算高。

具体到每一类资产，我们一个一个来介绍。

一、股票：高风险、低门槛的“大众情人”

股票几乎是资产配置中必不可少的进取型资产。对于整体的投资理财配置而言，缺失了股票类资产，就如同一支足球队缺了“前锋”，变得不完整和缺乏战斗力。

股票对我们来说，其实是最熟悉的“陌生人”。在生活中，报纸、电视、广播、互联网上每天都充斥着不可胜数的股市行情报告、动态分析、预测宝典等。它是一种门槛低的投资品种，开户非常简单，投资者在手机上下载并安装任意一家券商的交易App，只花几分钟时间就可以完成沪深市场账户的开立，没有经验与资金方面的最低要求（投资者希望参加沪市科创板与深市创业板的交易例外，两者均对投资经验与账户余额要求较高：如要加开科创板账户，投资者需至少有两年的股票投资经验，账户的资产价值要在50万元以上；如要加开创业板账户，账户的资产要求在10万元以上，同样要求有两年以上的股票投资经验）。我国深沪两市的交易以“手”（100股）为最小买卖单位，便宜的股票每股1~2元，因此要成为股民只需有一两百元即可参与交易。虽然股票价格每天上下奔腾，不乏激动人心的时刻，但实际参与起来，只有小部分人真正实现了长期的高回报。

我们有必要在此再问问自己：“我们真正了解它吗？我们该如何有效驾驭它来实现长期且合理的回报？”

股票，其实就是上市公司的股份凭证。持有股票，其实就意味着我们成了上市公司的股东。对投资者而言，股票投资的预期收益主要有以下两部分。

（1）股息收益。

作为公司的股东，如果公司经营正常，那么每年都会产生利润，这些利润会通过分红派息的方式按股权比例分配给股东。一般而言，公司经营得越出色，每年的利润就越丰厚，股东获取分红收入的潜力也越大。在正常情况下，股息分配每年一次，通常是在每年的第2季度分配上一年的红利，如果投资者打算长期投资股票，则应多关心公司的经营、公司的股息分配政策等。

（2）资本利得。

资本利得是指投资者在股票价格的变化中所得到的收益，即通过将股票低价买进、高价卖出所得到的差价收益。

实际上，投资者在A股投资的过程中，手续费成本只有万分之二三，如果不是频繁交易的话，基本可以认为其是微不足道的花费，在税收方面也是相当优惠的。

我国投资所得收益的纳税规定如下。

根据《财政部 国家税务总局 证监会关于上市公司股息红利差别化个人所得税政策有关问题的通知》（财税〔2015〕101号）规定，自2015年9月8日起，个人从公开发行和转让市场取得的上市公司股票，持股期限超过1年的，股息红利所得暂免征收个人所得税；个人从公开发行和转让市场取得的上市公司股票，持股期限在1个月以内（含1个月）的，其股息红利所得全额计入应纳税所得额；持股期限在1个月以上至1年（含1年）的，暂减按50%计入应纳税所得额；上述所得统一适用20%的税率计征个人所得税。因此，作为投资者，长期投资能享受更好的税收优惠。对于个人投资债券取得的利息收入、投资基金获得的各种收益，以及买卖股票取得的差价收益等，暂时是免于征收个人所得税的。

股票交易还会产生印花税，根据相关规定，每次股票交易，买方不缴税，卖方需缴税，税率为1‰。如果非频繁交易，那么这样的成本也不高。

税收上的优惠，为国内投资者减少了投资的虚耗而提升了长期回报潜力。

只可惜，目前国内投资者大多只关心后者——资本利得，也就是炒股票、赚差价。绝大部分的国内机构和个人投资者，都是以取得差价为目的的，也就是大家通常讲的“炒股票”，极端的情况就是，国内不少投资者本着“以小搏大”的心理，希望如厨师一般通过把股票反复“上下翻炒”不断“低买高卖”来获利。至于公司的长期经营情况、获利能力、股息政策等核心信息，他们则较少去关注与分析。

股票投资具有高风险、高收益的特点。因此在我们的理财组合中，股票类资产（包括基金、类基金资产，后面会展开讲到基金）通常是平衡型和成长型配置（追求潜在回报率高于无风险收益率）必不可少的组成部分。理性的股票投资过程应该包括确定投资策略、做个股分析、建立投资组合、定期评估投资表现、持续修正投资组合等基本步骤，同时我们应该综合考虑交易费用、税金等资金成本，以及因投资股票而不得不放弃其他产品的机会成本等。

然而，股票投资是一件“明面门槛很低，实则门槛很高”的事情。

投资股票的目的是实现财富的保值增值，让自己实现财富自由，但很多人实际上与这个目标背道而驰。

因为我在私人银行工作的时间比较长，而且大部分时间都是在私人银行服务富裕人群。虽然这类人群非常富裕，但他们的投资收益是不太敢恭维的。

1 000元就可以开立一个A股账户，成为投资者。但面对市场的涨跌起伏，无论是用1 000多元开户的投资者，还是资金规模达上百亿元的投资者，其实都没什么太大的区别，他们都没有整套的理论和实践体系。

很多人以为股票投资门槛很低，贸然冲进市场，可在过程中，如果抓了一个涨停板，就会对身边所有人说这个事；如果买后跌了，就会尽量避免和身边人提起，甚至亏的时候连账户都不看了。

那么，如何判断自己是否真正掌握了投资技能呢？有一个很有意思的小测试：打开手机上的证券交易App，看看自己的账户表现，无论牛熊，如果大部分持仓品种收益在大部分时间显示都是红色的，就表明我们成功掌握了投资技能。

比较可惜的是，我身边的A股投资老手，如果打开他们的证券交易App，会发现其账户里面往往有大堆的股票品种，而且大多数是处于绿多红少的状态，无论市场牛熊。

二、黄金："怕火炼"的保值工具

有一句话大家可能都听说过："盛世买古董，乱世买黄金。"

作为避险资产的黄金，是可以成为投资者资产配置的一部分的。那么，该如何参与黄金资产投资呢？把金砖扛回家吗？如何防盗、防丢失是一个大问题。到国内外交易所去买卖黄金现货或期货合约呢？门槛高且操作复杂。

投资者若参与黄金投资，我建议采用如下两种方法。

（1）黄金基金。

黄金基金由专家管理，其基本原理是，基金分散投资于各国的金矿公司，在通货膨胀、货币贬值而黄金市场看好时，金矿公司经营状况良好、分红多，股价上涨，投资者因此获利。除了分散风险，有更多的收益机会也是黄金基金的特点。与直接持有黄金相比，投资黄金基金的风险较小、收益比较稳定，又能较好地化解个人黄金投资者资金少、专业知识缺乏、市场信息不灵等不利因素。现在，国内市场有多只黄金基金可供选择，投资者可通过咨询银行或券商货比三家。

（2）纸黄金。

纸黄金是指黄金的纸上交易，投资者的买卖交易记录只在个人预先开立的“黄金存折账户”上体现，而不涉及黄金实物的提取。其盈利模式是通过低买高卖获取差价利润。投资者投资纸黄金实际上是通过投机交易获利，而不是通过投资黄金实物获利。目前国内市场主要有建行、工行和中行的纸黄金，其中工行的纸黄金手续费较低。对一般中小投资者而言，投资纸黄金是一种很好的选择。纸黄金交易不会产生仓储费、运输费和鉴定费等额外的交易费用，投资成本低，不会遇到黄金实物交易通常存在的“买易卖难”的窘境。但相对于黄金基金，我们需要掌握相关方面的知识。

虽然黄金近期表现不俗，但我要泼一泼冷水，因为这位“乱世英雄”也不是一位“常胜将军”。

投资品的一个明显特征就是会呈现价格“钟摆”现象，也就是说，价格是围绕着其价值做钟摆运动的。一段时间内价格会远在其价值之上，而一段时间后又会在其价值之下。黄金一旦成为投资品，就不能不受到“钟摆”现象的制约，从长期而言，价格既不可能只涨不跌，也不可能只跌不涨。物极就必反了。

黄金在过去几十年的周期性走势就是物极必反的印证。2011年8月，黄金价格为200多美元/盎司，到2013年年初上涨到了1 900美元/盎司，涨幅近10倍，由此，人们对投资黄金信心百倍：商场里出现顾客排队买黄金的奇景；公司里平时根本不关心投资的职员大谈如何参与投资黄金。大家俨然都成了“黄金投资专家”。这与2007年全民动员投资A股相似度极高。我当时就判断黄金泡沫离破灭不远了。

结果，1 900美元/盎司的黄金价格，就成了很长时间以来甚至历史最高点。

黄金只涨不跌的神话在2013年结束，虽然黄金曾表现不俗，近期也有所走强，不少人还预期黄金可以重拾长期升势，但黄金过去的长期表现并不是大家印象中的取得了辉煌的成绩。

风物长宜放眼量，让我们把时间拉长一点，便会得出大不相同的结果。从1990年到2010年这20年间，黄金价格共上涨271%，年均上涨6.77%，远落后同期标普500指数的9.13%。如果再把时间拉长到30年，投资黄金的年化回报率仅为3.33%，连通胀都几乎没跑赢，同期标普500指数年化回报率为11.3%。

如图3、图4所示，黄金价格指数从1980年1月到2011年年底共上涨了134.46%，而代表美股整体表现的标普500指数同期涨幅为992.43%，如果算上历年的分红，标普指数的总回报率为2 569.66%。

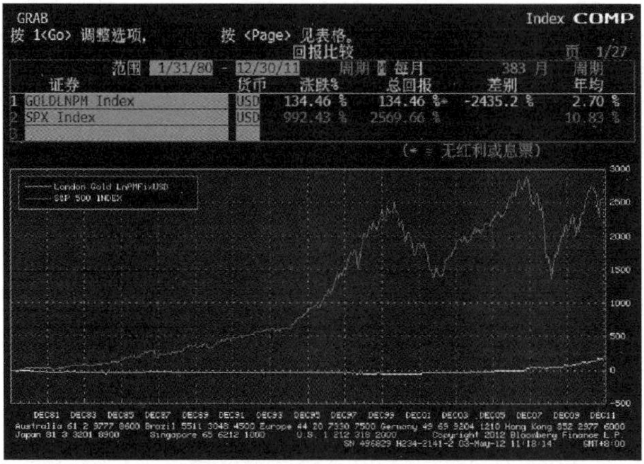

图3　黄金价格指数与标普500指数走势比较

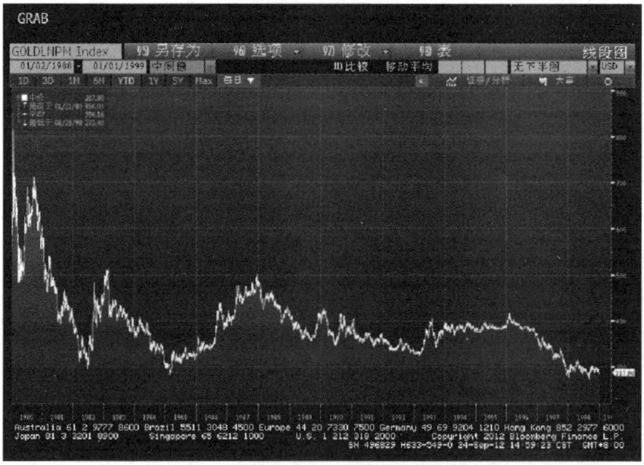

图4　黄金上一轮周期性跌势

根据彭博社统计的数据，从1980年到2000年这20年间，黄金走势暗淡无光，1980年最高价格是800美元/盎司，1999年最低价格不足300美元/盎司。

我们再看一下美国市场不同资产类别长期回报率的比较（见图5），黄金200多年来为投资者带来的长期回报率（扣除通胀）仅为0.6%，不但远远跑输股票的6.7%，而且出人意料地跑输债券的3.5%，以及国库券的2.7%。

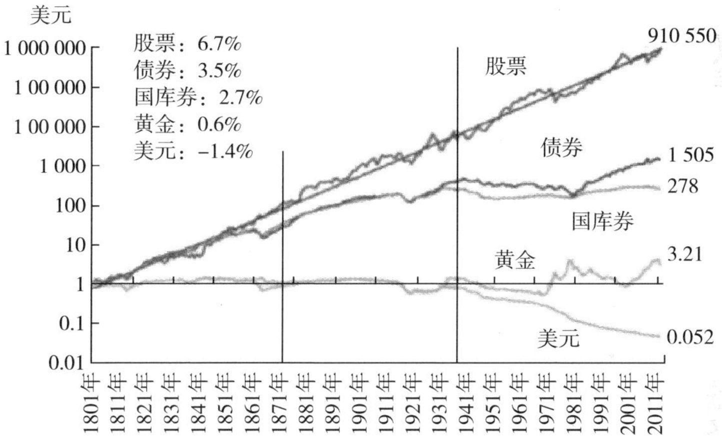

图5　美国市场不同资产类别长期回报率比较

因此，从资产配置角度，把黄金作为资产配置的一部分少量配置是可以的，而大量配置黄金来预测其大涨是不合适的。

三、基金：真正值得信赖的理财伙伴

1868年，伦敦成立了世界上第一只基金“海外及殖民地政府信托”（The Foreign and Colonial Government Trust），这标志着证券投资基金的诞生。英国在第一次工业革命中取得了较大的胜利，期间经济得到迅猛发展，从而积累了巨大的社会财富，这是基金能够诞生的最基本条件。而基金的发展壮大实则发生在美国。20世纪初期，美国只有少数富有的人才能参与资本市场投资，大多数家庭理财的方式是银行储蓄。直到1924年，美国出现了第一只开放式基金“马萨诸塞投资者信托”（Massachusetts Investors Trust，简称MIT），这是证券投资基金发展史上的一次革命。

我国基金行业发展的整个历程，大体可以分为3个阶段。

1991—1997年，基金的萌芽期。

1991年，随着证券市场的起步，我国基金行业开始萌芽。1991年7月，珠信基金成立，截至1997年年底，我国共有基金78只，全部为封闭式基金（现在被称为“老基金”），管理资产规模在76亿元左右。这一时期，我国基金行业发展的特点为基金公司少，管理资产规模小，运作不规范，相关政策法规尚未健全。

1997—2002年，基金规范发展期。

1997年11月颁布的《证券投资基金管理暂行办法》（已废止），对萌芽期混乱的基金设立审批体制进行了立法规范，从此，我国基金行业进入了规范发展期。这一时期，我国的基金市场仍然以封闭式基金为主，1999—2000年为封闭式基金发展的黄金时期，2001年之后，封闭式基金上市即跌破发行价，高折价交易使封闭式基金市场陷入低迷，2003年之后，封闭式基金全面停止发行。

2002年至今，基金高速发展期。

2001年9月，华安创新证券投资基金成立，成为我国第一只开放式基金。2002年以来，随着创新步伐的加快，我国基金行业进入了高速发展期。例如，截至2012年年底，我国共有基金公司73家，旗下基金1 600多只，基金资产规模达到2.82万亿元，基金已经成为我国重要的机构投资者之一。截至2017年年底，121家具有公募资格的公募及资管公司合计基金资产规模为11.59万亿元。其中，货币基金规模为6.75万亿元，占比为58.24%。

以公募基金为例，2019年起，国内公募基金历年发行量与存量规模呈爆发式增长态势（见图6、图7）。得益于《关于规范金融机构资产管理业务的指导意见》（简称资管新规）对预期收益型银行理财产品的规范，加上高预期收益信托理财产品的持续“爆雷”、P2P的清理，以及股票市场在经历了2018年低迷后复苏，基金的规模与质量都有了持续提升，成为大众必不可少的投资理财工具。

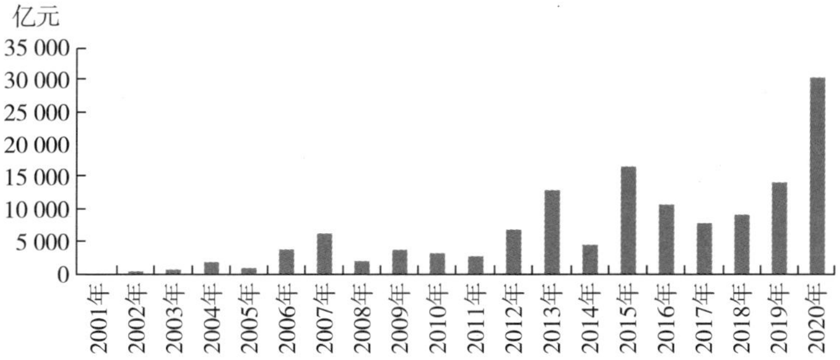

图6 国内公募基金历年发行量规模

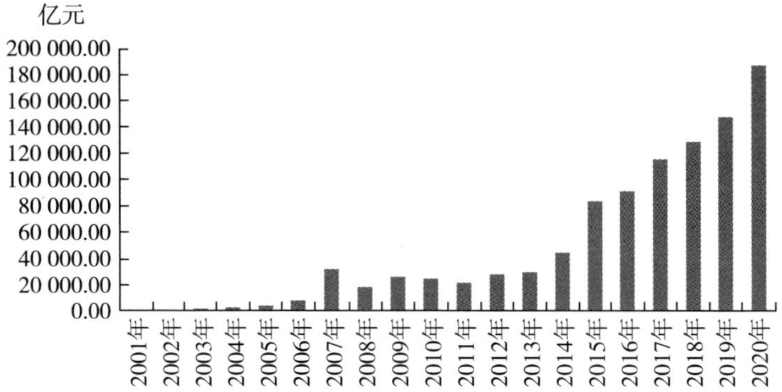

图7　国内公募基金历年存量规模

按资产类别来分，基金基本上有以下几大类型：货币基金、债券基金、股票基金、其他基金等。

货币基金是聚集社会闲散资金，由基金管理人运作，基金托管人保管的一种开放式基金，是专门投向风险小的货币市场工具。

货币基金资产主要投资于短期货币工具（一般期限在一年以内，平均期限为120天），如国债、央行票据、商业票据、银行定期存单、政府短期债券、企业债券（信用等级较高）、同业存款等短期有价证券。它有如下几个特征。

（1）本金安全。由大多数货币市场投资组成品种就决定了其在各类基金中风险是最低的，虽然货币基金合约一般都不会保证本金的安全，但基金性质决定了货币基金在现实中极少发生本金的亏损。一般货币基金被看作现金等价物。

（2）资金流动性强。货币基金的流动性可与活期存款媲美。基金买卖方便，资金到账时间短，流动性很强，一般在基金赎回一两天后资金就可以到账。目前已有基金公司开通货币基金即时赎回业务，当日可到账。

（3）收益率较高。多数货币基金一般具有国债投资的收益水平。货币基金除了可以作为投资一般机构可以投资的交易所回购等投资工具，还可以进入银行间债券及回购市场、中央银行票据市场进行投资，其年净收益率一般可和一年定期存款利率相比，高于同期银行储蓄的收益水平。不仅如此，货币基金还可以避免隐性损失。当出现通胀时，实际利率可能很低甚至为负值，货币基金可以及时把握利率变化及通胀趋势，获取稳定的较高收益。

（4）投资成本低。买卖货币基金一般都免收手续费，认购费、申购费、赎回费都为0，资金进出非常方便，既降低了投资成本，又保证了流动性。首次认购费/申购费为1 000元，再次购买以百元为单位递增。

（5）分红免税。多数货币基金面值永远为1元，其投资收益按日计算，每日都有利息收入，投资者享受的是复利，而银行存款享受的是单利。每月分红结转为基金份额，分红免收所得税。

选择货币基金应考虑规模和新旧两个因素。

- **规模。**

不同规模的基金所具有的优劣势不同。如果货币基金规模较小，在货币市场利率下降的环境中，增量资金的持续进入将迅速摊薄货币基金的投资收益；而规模大的货币基金不会有这样的担忧。在货币市场利率上升的环境中，规模较小的基金则船小好转向，货币基金收益率会迅速上升。

- **新旧**。

老货币基金一般运作较为成熟，具有一定的投资经验，持有的高收益率品种较多。

不少人对债券投资并不熟悉，而且直接参与交易所的债券投资的门槛不低，因此投资者直接参与债券投资有一定的难度。

而**债券基金**恰好能协助投资者突破瓶颈。它的门槛低，需要的专业知识少，适合资金不是很多且对债市买卖规则不甚了解的投资者购买，是省心省力、低风险的好选择。

债券基金是指80%以上的基金资产投资于国债、金融债、企业债（包括可转换债券）等债券的基金。假如全部基金资产投资于债券，可以称其为纯债券基金；假如大部分基金资产投资于债券，少部分投资于股票，可以称其为债券基金。

与投资者直接购买债券相比，债券基金由专家管理，不仅可以免除投资者可能要排队购买债券的麻烦，还可以有效降低利率变化带来的持券风险，以及当投资者希望变现时的流动性风险。

股票基金是指60%以上的基金资产投资于股票的基金。由于大部分资金都投入股票市场，因此市场的系统性风险是无法规避的。

诚然，与投资者直接投资股票市场相比，股票基金具有风险分散、费用较低等特点。对一般投资者而言，个人资本毕竟是有限的，难以通过分散投资而降低投资风险。但若投资于股票基金，投资者不仅可以获得各类股票的收益，而且可以将投资风险分散于各类股票上，大大降低投资风险。此外，投资者投资了股票基金，还可以享受基金大额投资在成本上的相对优势，降低投资成本，提高投资效益，获得规模效益的好处。

与直接投资股票市场相比，投资者投资股票基金可以避免个别上市公司的非系统性风险。以投资者前期持有牛股乐视网、暴风科技股票为例（乐视网股票、暴风科技股票近年走势见图8、图9，资料来源于东方财富网）。

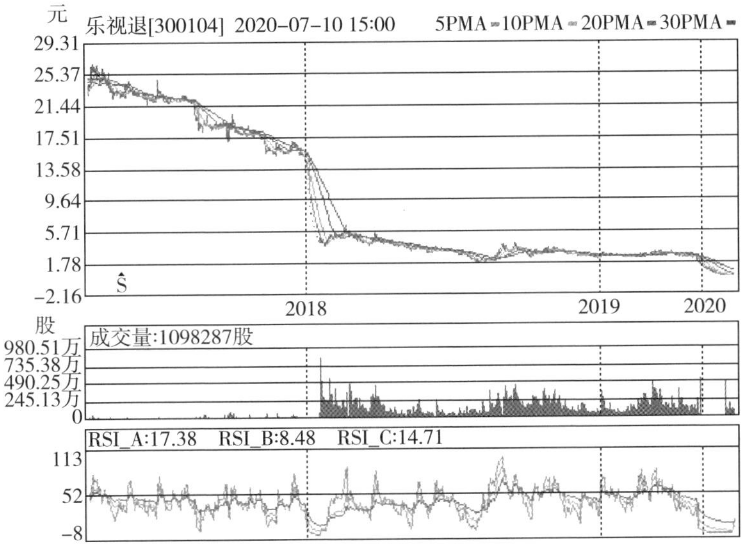

图8 乐视网股票近年走势

这两家公司如今已退市。如果投资者直接持有其股票，那么其资产几乎全损失了。如果投资者投资了股票基金，而所投资的股票基金又不慎持有了这两家，那么，这两家的股份只是这些基金的一小部分而已。股票基金投资者皮肉之痛避免不了，伤筋动

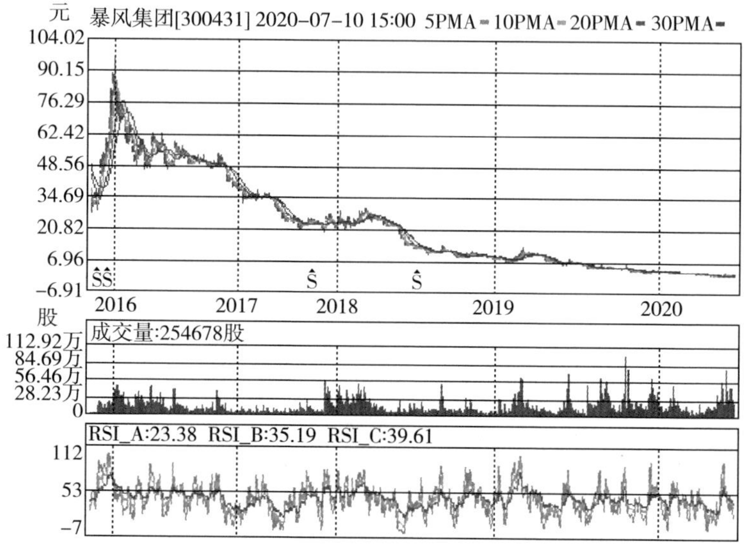

图9 暴风科技股票近年走势

骨却不至于。

然而，投资股票基金也应注意风险。由于价格波动较大，因此股票基金属于高风险投资。除有市场风险外，股票基金还存在集中风险、流动性风险、操作风险等，这些都是投资者在进行投资时必须关注的。例如，当股市大盘羸弱时，大多数个股都会下跌，纵使基金可以分散投资不同个股，净值也难免会跟随下跌。

投资者可选择的基金面非常广。认购基金可以通过以下渠道办理。

①商业银行（最主要的销售渠道）。

②券商（交易型投资者）。

③其他专业销售机构（潜力非常大）。

④各主流电商平台。

⑤基金公司。

尽管我们对以公募基金、私募基金为代表的专业资产管理行业的存在价值有不同的认知，但不容否认的是，专业的资产管理产品与服务是绝大多数投资者实现财富保值增值、合理资产配置的有效工具。如何使用好？那就需要专业的理财师帮忙指导了。

四、理财产品：需谨慎选择的投资工具

我们或多或少都听说过“理财产品”的概念，这些由银行、券商、信托发行的各类预期收益型和净值型的理财产品，其实就是一个债券和一些类债券的非标准化债权的投资组合，也是投资者间接参与债券市场的重要途径。

银行理财产品是投资工具，过去本地银行理财产品主要有两类：一是通过银行自身的资金池的运作来为客户提供低风险的固定收益解决方案；二是通过“银信合作”或其他形式的通道来为客户提供风险从低到高的、不同的本地化投资解决方案。

第一类其实是在我国利率没完全市场化之前的一种变通做法，投资者承担的是银行的信用风险，取得的回报率通常略高于同档次的银行定期存款利率。投资者可以将其作为资产配置中保

守型投资的一部分。

第二类要复杂得多，这些解决方案通常是在我国金融行业分业经营、分业监管的现实下，银行把信托公司当作桥梁为投资者提供资本市场解决方案。因为资本市场风高水深、到处是暗礁险滩，相关产品背后的风险，普通投资者不一定能理解和把握，所以投资者绝不应把此类银行理财产品看作无风险的固定收益类产品。

以下是几类常见的固定收益类理财产品，其预期收益率远高于银行定期存款利率。大家常见的理财产品多是以下一种贷款型产品或几种的混合。

（1）房地产信托贷款。

在此类产品中，信用主体是房地产开发商。投资者到期能否取得本金和预期回报要看开发商能否到期还款付息。相关开发商的经营状况不仅关系到投资者预期回报率的实现，还直接关乎本金的安全。

（2）城市投资信托、矿产投资信托、委托贷款信托。

在此类产品中，信用主体是这些借钱主体，其还款能力和意愿决定了投资者的本金安全和预期回报率的实现。有人会说："没关系，它们不还，我们不是有质押品在手吗？"但是，这些质押品往往都是不易变现的固定资产，如果出质人真的还不起，持有质押物在手的投资者便会有困难。

（3）股票质押信托。

其中的A款是非流通股票（已上市的大小非流通股或未上

市的股权）的质押融资，它既是贷款又是标准化的证券。这些股票质押的风控措施往往有打折质押品和投资止损线。一旦借款人因各种原因无力还本付息，这些非流通股票的变现就不会顺利。

B款是分优先级和次级的结构化投资融资。银行理财的投资者是优先级。一般1 000万元次级可以配到1～4倍的优先资金，对于次级投资者而言，这相当于在股票投资中取得杠杆以放大资金。当然，作为对优先级的保障，有不少风险控制措施，例如，投资者需要至少买5只股票，每只股票不可超过总资产的20%，投资者设置××%（据优先级和次级的资金比例而定）强行止损点，通常能抵挡两个跌停板。在常态中，A款交易活跃，流动性强，B款较安全。但是，如果出现了2015年股市的“异常波动”，市场流动性丧失，针对它们的风控措施也会失灵。

我在此要提醒各位，如果以上各类固定收益类信托理财产品背后的“贷款”出现不能如期偿还的情况，那么发行银行和背后的合作信托公司对投资者的本金和预期收益是无任何保障义务的。

信托公司自己往往还通过自己的直销团队或第三方理财机构大量发行此类以非标准化的融资为主的产品，投资的门槛为100万元。

有人会说：“信托公司都是持牌金融机构，同时它们有刚性兑付规定，还怕它们不兑付吗？”这些信托公司无疑都有实现刚性兑付的意愿，然而，意愿与能力并不一致。目前我国大约有60多家信托公司，资本金平均每家按10亿元算的话，总资本金为600多亿元，与存量18万亿元的信托资产相比，杠杆比率为300倍。一旦出现系统性风险，信托公司是不具备“刚性兑付”能力的。况且，实行几年的资管新规的核心就在于“打破刚性兑付”。资管新规自2018年起执行以来，带有“预期收益率”的传统信托产品不能如期兑付本息已经成为常态。

事实上，安信信托、四川信托、民生信托、中融信托等已经接踵“爆雷”。这些出问题的信托公司每家都有几百亿元的违约待付。

随着资管新规的落地，房地产信托贷款及城市投资信托、矿产投资信托、委托贷款信托这两类固定收益类理财产品正在淡出，风险隐患被基本解除。取而代之的是由所属理财子公司发行并主动管理的非固定收益类理财产品，产品系列包括风险较低的以投资债券为主的、股债混合的、进取型做全球资产配置的产品，这些产品的最终回报率不仅取决于资本市场的表现，还要看投资管理人的能力。投资者往往认为银行理财产品是稳健的，有回报保障。但是在面对国内市场反复波动的同时，还受到以美联储为首的各国央行进入加息周期而构成对全球资本市场下行压力的影响，投资者依然需要承担一定的市场风险。

总之，对于第一类理财产品，投资者可以适当配置以增强总体资产组合的稳定性，并获得优于银行定期存款的收益；而对于第二类理财产品，投资者在决定投资以前，必须对其结构、背后对应的资产、回报保障机制进行全面深入的了解，以确定自己所需承担的风险。

五、银行存款：忠实的财富卫士

大多数人首选将资金存入银行，以便随时应急使用，然而我建议不要让大笔资金滞留在我们的活期存款账户中，存在这里的钱所得的利息很少。更好的办法是，只在活期存款账户中保留足够支付日常开支和避免产生银行费用的资金；将其余部分资金转移到与我们的活期存款账户相关的，既能保持良好流动性又能产生一些收益的产品上。在国内，我们可以动动手指轻易把借记卡中富余的资金转入风险小而收益合理的“余额宝”类现金管理工具。

对于上了一定年纪的人，需要把财富的安全性放在第一位，学习投资理财知识可能已经有点晚。对于感觉投资理财并不是自己能掌握的人，可以考虑把资产放在银行的定期存款中。安全可靠是银行存款的最大优势。

关于银行存款的安全性有一个标志性的事件就是，中国人民银行与原中国银保监会曾联合发布公告，鉴于包商银行股份有限公司出现严重信用风险，为保护存款人和其他客户的合法权益，依照《中华人民共和国中国人民银行法》《中华人民共和国银行业监督管理法》《中华人民共和国商业银行法》的有关规定，决定自2019年5月24日起对包商银行股份有限公司实行接管，接管期限为一年。

一时间，大家议论纷纷：商业银行到底怎么了？银行都不再安全了吗？

国内商业银行出现问题需要中央银行出面处理，在历史上这是第二次。上一次是1998年海南发展银行因海南房地产泡沫破灭及其派生的各种债务违约而陷入困境。这一次，按央行公告的说法是，包商银行出现严重信用风险。

大家开始担心国内银行体系的安全性，我认为没有必要。目前出问题的毕竟仅是个别地方中型银行，根本不可能构成任何系统性风险。有人担心会出现10多年前美国“雷曼兄弟”破产所引发的“多米诺骨牌”效应，我认为完全是杞人忧天。

以央行接管的方式处理出现风险的商业银行，我认为是在防微杜渐。当年海南发展银行出现风险时是直接宣布关闭（不是由央行接管）。尽管对个人储户确保兑付而令个人没有受到任何损失，但企业客户不在受保护之列，不少企业客户在清算过程中受到了很大的影响。

这次包商银行出现风险，央行直接接管并承诺客户业务不受影响，实际上是在宣示“兜底”的决心。央行的兜底能力更是不容置疑的。总而言之，作为银行的个人储户，尽管放心，兑付风险是不会有的。

而且，国内利率市场化的步伐正稳步推进，利率市场化意味着我们的中央银行——中国人民银行逐步放开对存款利率上限的管制，不同的商业银行在市场竞争中不得不提高存款利率以吸收存款。这对于储户来说是好事，可以在货比三家的谈判中处于优势地位，从而让安全的定期存款获得相对较高的回报。

以上列举的股票、黄金、基金、理财产品、银行存款就是理财棋局中的基本盘，是大众实施资产合理配置的简单工具。

六、如何实现有效的资产配置

通过上述内容，我们一起认识了适用于资产配置的主要资产类别及其特征，那么，具体到每个人，究竟该如何实现资产配置？我想起了大家都熟悉的小马过河的故事。

在这个故事中，松鼠觉得会淹死它的河水深度，对于牛伯伯来说只是到小腿而已。同理，在投资理财方面，每个人自身的财务状况不同，能承担的风险程度也不一样。因此，我们应该根据个人的自身风险承受能力，设置合理的回报预期，减少持有高风险资产，增加流动性强的低风险资产的配置比例，并做好资产的合理配置，以资产类别、资产币种的多元化投资来规避风险。

第三章中出现的几个案例，就是对不同的人群按不同的投资理财目标来实施合理的资产配置的具体分析，可做参考。

就国内的资产配置而言，固定收益类品种应首选银行提供的保守型理财产品，尽管收益率低，但相对安全；股票投资更应谨慎，仅限于经营业绩良好、公司治理严谨、估值合理的标的，或者适度通过主流的指数基金参与；面对不确定的市场与不好把握的投资品种，选择“勇于不参与”不失为智者之举。

保守型的资产配置可以帮助我们实现财富保值与适度增值的小目标，然而，要实现慢慢地变富，投资者就必须不断进取，增加权益类资产（股票）的配置，同时进取有必要在稳固后防线的基础上开始，因此，走向财富自由之路是一个财富进阶的过程。

第六章

投资理财第四步：步步为营稳提升，踏上财富进阶路

在第五章中，我们已具体而详尽地分析过不同资产类别与不同投资品种。工薪阶层走向财富自由有一个逐步进阶的过程。个性化的不同资产类别的配置组合就像一级级台阶，让每一位投资者走上财富自由之路。例如，跳水、体操等运动员开始做的都是相对简单的规定动作，等到参加比赛时，既要做好规定动作，又要表演有一定难度的自选动作，要取得好成绩，关键要看在自选动作上发挥得怎么样。

本章，我们将深入探讨股票、基金、理财产品等标配型产品的具体使用方法，以及当大家的财富水平继续稳步提升后，还需要哪些使用难度大的工具来实现更高阶的资产配置。

一、实现股票投资的长期回报潜力

股票这类资产具备长期的回报潜力，但这不等于投资者普遍能通过股票投资取得长期的回报从而实现财富自由。

长期以来，投机风浓、交易活跃、大幅上下等这些新兴市场的特征在我国股市都非常明显。而且，我国股市有“非典型”的“熊长牛短”的周期性特色。股市二级市场的参与者们多数时间是在漫漫长夜中等候黎明，他们的实际战果很不理想，这一点，我们看看网上股民的怒骂、创意人士的调侃、学者们关于如何拯救股市的研讨就可得知。

我希望通过剖析多数投资者在股市认识上的常见误区、操作上的常见毛病，以及策略上的常见偏差，让广大投资者能尽快脱离“总是受伤”的境地，取得与其承担的风险相称的长期收益。

经济学上有一个大家耳熟能详的名词叫作“价值规律”，它的表现形式是价格围绕价值上下波动，价格总是与价值不一致，有时偏高，有时偏低。用一个形象的比喻，这就像主人带小狗散步，一会儿小狗会跑很远，扭头看不见主人后，赶紧跑回，一会儿因贪玩而远远落在主人后面，发现后，急忙直追，一下子窜到主人前面。在这个比喻中，价值就是主人，而价格就是小狗。

说到股市，股价与合理估值的关系也一样，二者基本上不会一致，我国股市的价格波动较大，加上投资群体的价值投资理念尚未成熟，价格与价值的偏离度往往很大。这就导致投资者“测不准”：股市的走势难以预测，真实走势往往与主流的预测大相径庭。

那么，投资者应采用何种投资策略才能立于不败之地呢？实际上，传统的投资策略不外乎分为两大门派：趋势投资派和价值投资派。前者更关心市场与个股的价值走势，后者更关心公司与市场的内在价值。

前者期待的是股票价格持续上涨而获取差价。他们以取得价差为目的参与投资，自然就非常关注股票的每日走势，因为买了股票之后，若价格上涨，则意味着赚了，反之，则意味着亏了。

每天股票的价格变动，通常是用K线来表示的。代表市场总体水平涨跌的不同指数，如上证指数、沪深300指数、创业板指数等，以及单个公司的交易价格走势，都通过K线记录下来。不同的证券商、不同的网站会用不同的行情分析软件，如东方财富、同花顺、大智慧等，查看K线，其功用大同小异。

许多趋势投资派希望通过技术分析来预测市场指数及股价的走势，专注于分析短期内的K线图。我认为技术分析的基础在于以下几种假设：人的行为随情绪的变化而飘忽不定；市场的趋势与特征反映人的非理性行为；趋势与特征是重复的，因而可以预测。这几个假设是否真实存在是有很大不确定性的，因此以技术分析预测市场并不靠谱。

另外，虽然趋势投资的原理非常简单，即低买高卖，但趋势投资非常考验人性，明明我们是准备低买高卖的，由于贪婪与恐惧我们会高买低卖。而且，频繁地买卖“股票”几乎没有胜算。

事实上，从长期而言A股的走势判断是相对容易的，我们用任意一款常用的行情分析软件，简单地把K线拉得足够长，中间画一条线就是它的趋势线。但是绝大部分投资股票的人是不看这么长的趋势线的，只看几个星期的波动，甚至看一天内的波动，这样的波动是没有任何规律的。

拉得长一点，可以明显看到在趋势线下轨（这个下轨很容易找，把前期的几个低点连成一条直线即可）的时候，一定是明显的买点；当远远向上偏离了这个趋势线的时候，其实是卖的最佳时机。我们以上证指数为例，判断其长期走势（见图10）。

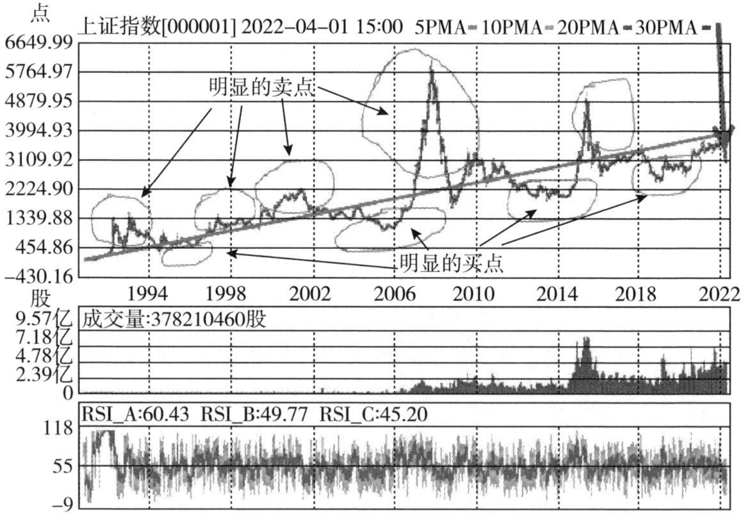

图10　上证指数自诞生以来的长期走势

在本书完稿的时候，即2022年年中，上证指数明显已经是在趋势线下轨了。根据历史经验，这时应该是一个对投资者而言比较好的参与机会。今后一段时间，A股的走势会如何？

2006—2008年，人民币升值，经济加速增长，开放市场，资金全面涌入，经济基本面向好，股市迎来利好。2014—2015年，场内外资金加杠杆导致股市曲线快速推升。

近期，股市重现这两种场面是不可能的，比较大的概率是慢慢来。有结构性的投资机会，好公司成为稀缺资产而持续反复走高，而大部分公司会反复走低。

上海市场的科创板与深圳市场的创业板是“注册制”，符合上市标准的企业随到随发，新股供应非常充足，我国股市已经全面进入“注册制”，供需达到平衡状态。

根据前面的分析，就市场总体水平而言，我认为A股有明显的上升空间。

与其预测走势而做追涨杀跌，倒不如做真正的价值投资者，在股价低于合理估值时买入，在股价高于合理估值时卖出，这种真正的“低买高卖”策略能让投资者长期立于不败之地。

那么，对于股市投资者而言，谢绝参加“博弈”之后，要实现长期合理回报，应如何做好价值投资呢？我认为有以下两条可行路径。

（1）长期与国家经济共同成长。

选择与国家经济共同成长的方法其实比较简单。上市的企业都是国内企业中的佼佼者。沪深300是国内沪深市场最大的300家公司，代表我们国家经济的主流，而中证500是排在300家最大公司之后的每个细分行业的龙头企业，我们看好国家的未来，看好经济的成长，可以采用沪深300加中证500这样一个简单的指数基金的组合来参与股市投资。

从长期而言，投资者可以通过这条路径，用非常简单的指数基金投资方式，与国家经济共同成长，享受国家改革开放的红利，从而实现慢慢走向富裕。

关于基金投资的一些具体策略，我们会在本章后面的内容中详细介绍。

（2）作为好公司的股东来享受公司的长期经营红利。

前面讲过，投资者股票投资的预期收益主要有收入收益与资本利得两部分。前者关心的是公司的经营情况，盼业绩连年增值，获得的现金分红每年递增。有人认为，A股分红低，所以“没有投资价值”，但分红不是价值投资的关键，我们可以想象，即使完全不分红，投资者把滚存利润投入再生产，未来也会取得更多的利润，有更多的分红。作为股东，这个道理是要记住的。

那么，如何选到好公司并长期持有其股票呢？

首先要选对行业，其次选好公司。好的行业，它有足够高的门槛，竞争对手是不能随便进来的。

金融行业（如银行）有足够高的门槛，银行里面的“优等生”一定是好的，如招商银行、宁波银行都是“优等生”。我们在其股价最高点时买入，即使时机是错的，假如一直持有，最终获利也非常可观。当市场低迷的时候，其实就是买入的时候。

保险行业同样是一个非常好的行业，门槛高，发展空间也很广阔。手里有几套房的人很多，但手上有几张大额保单的人很少，大家都缺乏足够的保障。假如选择保险行业里的优等的公司，即使在比较高的价格时买入，坚持下来，回报依然非常可观。

白酒行业中的贵州茅台和五粮液，带有中国独特的文化元素，享受着足够的垄断地位和垄断利润，部分精品国药也有类似“效用”，其股票也是值得我们买入并长期持有的。

当然，过去10多年国内制造业升级，不少相关上市公司也为投资者带来了丰厚的回报。

好的行业里的好公司，就是好的标的，我们选择它，就可以穿越牛熊。

假如我们找到了好的行业里好公司，不需要逃顶，不需要抄底，一直安心持有就可以了。

当然，投资这些公司的最佳时期，就是大家不想要的时候，假如我们买入时的价格足够低，就长期持有。我们可以做一个实验，假如我们在低位买入后就不再动了，根据以往的经验，“10倍回报”并非不可能实现。

好的标的，我们只需要等到合理的价格，买入以后坚守就可以了。这就是非常简单的穿越牛熊的价值投资的一条路径。

我们前面说到，价值投资就是在股价低于合理估值时买入，在股价高于合理估值时卖出。那么，什么是合理的估值呢？如何看估值是高了还是低了？我们可以利用一些常用的指标来衡量。

①市盈率（P/E）。

②市盈率相对盈利增长比率（PEG）。

③市净率（P/B）。

④净资产收益率（ROE）。

⑤未来现金流的现值（这个通常是专业研究员、分析师使用的，要求有非常强的财务分析基础，本书就不详细展开了）。

这些指标是衡量公司是否有投资价值的关键，需综合考虑。它们的具体数据，在任何一款常用的行情分析软件中，我们只要按一下计算机的F10键，都能找到，无须自己计算。

下面我们详细来讲这些指标。

市盈率（P/E）是当前股票市价与上市公司每股盈利的比率。P/E越低越好。如何判断P/E的高与低呢？P代表我们要付出的价格，而E代表公司每年的盈利，如果P/E为10倍，就意味着，假如公司维持现有经营能力达10年，我们就可以收回投资成本，我们投入的本金回报率为10%。如果P/E为100倍，就意味着，假如公司维持现有经营能力达100年，我们就可以收回投资成本，我们投入的本金回报率为1%。有人会说："在市场中哪些行业、哪些公司值得长期投资，用这一指标来衡量不就一目了然了吗？"还有人会问："市盈率都那么高吗？那岂不是要投资很多年才能回本？"别急，我们等一下会说到另一个重要指标——市盈率相对盈利增长比率（PEG）。

另外，在判断P/E的高与低时通常需在同行业不同上市公司之间做比较，或者同一公司在不同历史时期相比较才有可比性，而且P/E需看持续数年的历史值，否则我们容易掉入操纵利润的陷阱中，去年的绩优公司，今年“变脸”成亏损公司的现象屡见不鲜。因此，我通常会分析连续5~10年上市公司的财务状况来做估值的判断。因为财务造假只能欺骗一时，长期下来骗局必然败露。

市盈率相对盈利增长比率（PEG）。对具备高增长预期的公司，单用P/E来衡量投资价值很有局限性，我们还需用到PEG。因为如果今年的P/E是30倍，明年的利润比今年增长了100%，那么，E增加了1倍，P维持不变，则P/E就变成了15倍。具体能接受多高的P/E？那就要看我们对G（增长率）的预期了。例如，著名的贵州茅台，在前期预期公司利润每年增长10%，则市场普遍接受其20倍左右的P/E，PEG计算下来为2。最近，市场认为贵州茅台供不应求，有很大的涨价空间，利润增长每年30%不成问题，于是接受了贵州茅台40倍左右的P/E，PEG计算结果为1.33。这时候，我们就能拿当下P/E和PEG与前期的P/E和PEG做比较。虽然当下贵州茅台的P/E是40倍，貌似较高，但因为预期增长更高，衡量下来比前期P/E为20倍时估值更低，所以更值得考虑买入。

市净率（P/B）是指当前股票市价与上市公司每股净资产的比率。这个指标比较稳定可靠，特别适合用来看一些业绩不太稳定或增长潜力较小的公司。P/B也是非常重要的估值指标，因为B代表每股的资产净值，而P代表价格。若P/B高则表示买贵了，若P/B低则表示买便宜了。

例如，银行股虽然近期有所走强，但走势长期明显弱于大市，不少投资者担心经济的放缓和利率市场化会影响其业绩。然而，即使对业绩有暂时的影响，也不会降低长期的估值。我们不妨通过P/B来分析，根据2022年上半年的数据，上市银行股的平均P/B为0.5倍，也就是说，我们可以拿0.5元去买1元的银行净资产。在目前依然相对丰厚的贷款与存款利差的保护下，银行业依然是拥有“政策红利”的行业，进入这一高门槛行业，即使是溢价进入也应该是非常合理的，何况现在只有0.5倍的折价。相较于一些处于风口的概念股，其P/B高达10倍或以上，就不值得我们买入了。好比我们到市场买东西，花10元或更高价格去买只值1元的东西，这值得吗？

净资产收益率（ROE），又称股东权益报酬率、净值报酬率、权益报酬率、权益利润率、净资产利润率，是净利润与平均股东权益的百分比，是公司税后利润除以净资产得到的比率，反映股东权益的收益水平，用以衡量公司运用自有资本的效率。ROE越高，说明投资带来的收益越高。ROE体现了自有资本获得净收益的能力。

一般来说，负债增加会导致ROE的上升。

企业资产包括两部分：一部分是股东的投资，即所有者权益（它是股东投入的股本、企业公积金和留存收益等的总和）；另一部分是企业借入和暂时占用的资金。企业适当运用财务杠杆可以提高资金的使用效率，借入的资金过多会增加企业的财务风险，但一般可以提高盈利，而借入的资金过少会降低资金的使用效率。ROE是衡量股东资金使用效率的重要财务指标。

作为有长期投资打算的投资者，ROE应该是重点关注的指标。我们在本书的后面章节会重点阐述这部分内容。

在股票投资的实践中，我们必须正确理解“好公司”与“投资价值”之间的区别。“好公司”决不等于“高的投资价值”，“一般公司”也决不代表“低的投资价值”，分红高低也与投资价值不直接相关。要衡量投资价值，价格是最关键的因素。

还是以中石油为例来分析吧。巴菲特在10多年前以每股1元多的价格买入中石油H股（港股），当时每股的净资产为2元多，是价值投资，可“价值”投资者以48元/股的价格在A股买入，这就掉入了“蓝筹陷阱”。中石油2010年每股收益为0.76元，合计年股息为0.344 2元。如这些投资者当年在H股以2元买入，近10年间折合年股利回报率则为17%。不幸的是，他们在A股以48元买入，年股利回报率不足1%。仔细想想，胜负原因不就明白了吗？

根据格雷厄姆（价值投资的创始人）提出的安全边际理论，安全边际高（安全边际高是指以比较低的价格买入资产，如前面所说的以P/B低于1，也就是以净资产的折扣价买入资产）的股票，长期回报也高。不少学者以A股多年的数据为研究对象，得出的结论与安全边际理论也是完全一致的。

很好的公司，如果股价过高，是没有投资价值的。而一般的公司，如果以非常低的价格卖出去，则也有可能成为投资机会。虽然如何衡量上市公司的价值是金融专业的课程内容，但以上的简单计算应该是普通投资者很快能学会的。

完成个股分析后，我们需要以此为标准筛选出股票，搭建出一个股票投资组合。建议选取不同行业的5~10家公司，具体是5家还是10家需要按自己的资金量而定。平均分配这些公司，实现行业的多元化，追踪其过去10年股票价值的长期表现，看看有什么样的结果。我认为，搭建出一个股票投资组合后，只要在其股价相对便宜时买入，坚守下来，就能跑赢市场，更能跑赢市场中的绝大部分机构与个人投资者。这也是我一直倡导的“选”好公司（盈利能力强、具备合理成长性、有品牌优势、内部治理稳定），“等”合理价（股价低于或等于应有价值）买，坚“守”长期持有（只要价格依然合理就长期持有）的“选等守”“三字经”。若能知行合一去践行，不管牛市来还是不来，也不论来的是快牛还是慢牛，我们都能取得长期丰厚的回报。

投资好公司后，要定期评估投资表现。评估频率为一年一次，至少持续5年以上。那么，究竟达到什么样的回报率才算合理？全球公认的“股神”巴菲特，40多年来的年化回报率为19%左右。我国经济增速估计能维持在5%，如果在A股的投资组合收益率能长期达到经济增速的一倍，即10%，我认为可以算是令人满意的结果了。

最后一步，要持续检查并适时调整股票投资组合。究竟该如何不断修正自己的股票投资组合？我认为必须密切关注公司的经营情况而不是市场的波动。如果我们走的是价值投资与好公司共同成长的路，那么平时的工作倒是比较轻松的，大可不必为市场短期的涨跌而焦虑，长期持有自己精心挑选并以合理价买入的好公司，就可以实现回报最大化。

二、投资基金，需要用正确的姿势“躺平”

第五章我们提到，2019年起，国内基金发行量与存量规模呈爆发式增长态势，基金的规模与质量都得到持续提升，品种已经非常丰富，成了大众必不可少的投资理财工具。然而，从长期而言，投资者配置基金的最终实际回报效果并不理想，即难以通过基金投资获得稳定的高回报。基金的专业投资管理价值在市场疲弱的阶段更是备受质疑。

2013年基金年报统计显示，自2008年熊市以来的5年内，基金为投资者取得的收益为–9 589亿元，收取的管理费却达到1 442亿元。也就是说，若投资者在2008年开始购买基金，一直持有到2013年，那么不仅本金会出现巨额亏损，还要向基金公司缴纳为数不少的管理费。

2016年的相关数据也显示，所有公募基金全年为投资者带来1 754.7亿元的亏损。而同期的管理费依然是照收不误。

当市场低迷的时候，股票基金普遍亏损，投资者都在质疑基金的专业投资管理价值，认为基金不能避险。而当市场上涨的时候，基金的回报率普遍很高，但由于投资者大都去追逐各种热门赛道的基金，获得的结果同样不佳。

典型的例子就是，2020年白酒类股票大涨，某白酒基金单位净值涨了120%，然而，统计数据告诉我们，当年持有过这只基金的投资者中，亏钱的比例是81.9%，这太让人感到意外了。究其原因，无外乎是投资者把基金当成股票，追涨杀跌，在波动中高买低卖。

又如，以投资半导体、芯片类公司为主的基金经理蔡先生，投资风格非常专一。只是半导体、芯片类公司的股价弹性非常大，大起大落的走势非常明显，因此基金的价格也随股价的大幅波动而波动，当上涨的时候，大家尊称基金经理为“蔡总”，当下跌的时候大家又称他为“菜狗”。从“蔡总”到“菜狗”，究竟是谁的错？

又如，以长期价值投资见长的基金经理张坤，在2019—2020年终于迎来了人生的高光时刻，其管理的基金因重仓性价比高的优质白酒公司使得净值持续增长，从而成为名副其实的明星基金，吸引了大量的投资者涌入申购，特别是2021年年初，张坤管理的基金规模已超千亿元。然而估值过高的优质白酒公司的股价后来陷入了长期的调整。在白酒公司价格处于巅峰时期申购进去的基金投资者非常郁闷：“坤哥带我们飞”变成“阿坤不懂炒股”为何就是几个月的事？

又如，到了2022年年初，曾经被称为“YYDS”的新能源、医疗健康赛道毫无悬念地重蹈了一年前白酒、酱油的覆辙而暴跌，管理着千亿元规模的医疗基金经理，由基民们心中的“兰女神”成了“兰大妈”。

其实这种变化早有端倪，2021年春节期间，一个信号就是股票基金的投资热潮已经出现了一些异化：不少网友告知，过年回家，家里的七大姑八大姨都在问如何投资基金赚钱，连清洁工、快递小哥都在讨论买基金；在“魔都”地铁站内，最亮眼的是股票基金发行广告及明星基金经理的巨幅美照；媒体大肆宣传某年轻基金经理“敢闯敢干，一个月回报率达33%”……

仿佛跟着这些人，我们很快就能把全世界的钱赚到手。身边越来越多的朋友也在晒自己投资基金赚了许多钱，还告诉我回报率普遍在50%以上（时间都在一年以内），并向我推荐基金。

我当时想，钱赚得这么容易，财富从哪里创造出来呢？是不是很快就会有人放弃工作而专职“养基”呢？

其实，这种现象我们并不陌生。在2015年上半年和2007年，“短跑明星”基金经理都曾经是基民眼中最靠谱的人。不过我们都知道2015年下半年和2008年的股票市场发生了什么，那就是以长期大幅下跌为主基调的“异常波动”。

如果是新投资者，那么把市场的K线翻出来了解一下当时惨烈的状况吧。市场几年一轮回，演绎着几乎同样的故事。追着热门赛道、明星基金，以短期赢利为目的买入，以为可以赚到很多钱，结果却是空欢喜一场。

基金的超级热销都是市场处于巅峰状态时发生的，而市场巅峰过后必然就是长期的调整。

投资者希望通过炒股、炒基迅速致富的心情可以理解，但请试想一下，国内经济的年增长潜力在5%左右，上市公司作为国内企业中的“优秀生”，平均净资产回报率在10%左右。这就是股票市场长期整体涨幅的“锚”了。短期可以大幅超涨，但过分超涨之后就是长期的下行。市场整体如此，市场中局部的所谓热门赛道也会如此。奔牛不断加速疯跑的结果一定是猝然倒下，历史上投资者已经翻过多次车的覆辙，就不要重蹈了。

随着基金的销售渠道的与时俱进、互联网化，各大基金销售App都把1个月、3个月的短期高回报作为卖点来吸引基民认购。不少基民把基金当成股票来短炒，以期望实现创富。

但是，作为1992年开始投资A股的“老韭菜”，我身边的朋友有创业成功的企业家，有聪明过人的房地产开发商，有坚韧不拔长期持有自己企业股份的上市公司高管……唯独没有靠炒股、炒基而不小心致富的投资者。

全球无人能出其右的“股神”巴菲特，40多年来的年化回报率只有19%左右，还不及A股投资者挂在嘴边的一天一个涨停板。但如此不起眼的短期战绩并不妨碍他成为世界上最富的人之一。大多投资者往往高估了自己在短期内获取超额收益的能力，同时低估了以“不积跬步，无以至千里”的日积月累方式能达到的最终成就。

而且，很多曾经的“创新”基金最终并没有为投资者创造多少价值，仅仅成了一场博弈游戏的主角。

如分级基金（Structured Fund），又叫结构型基金，是指在一个投资组合下，通过对基金收益或净资产的分解，形成两级（或多级）风险收益表现有一定差异化基金份额的基金品种。它的主要特点是将基金产品分为两类或多类份额，并分别给予不同的收益分配。分级基金中各子基金的净值与份额占比的乘积之和等于母基金的净值。例如，拆分成两类份额的母基金净值=A类子基金净值 ×A份额占比 + B类子基金净值 ×B份额占比。如果母基金不进行拆分，其本身则是一种普通的基金。

融资型分级基金，通俗的解释就是，把A份额和B份额的资产作为一个整体投资，其中B份额的持有人每年向A份额的持有人支付约定利息，支付利息后的总体投资盈亏都由B份额的持有人承担。

以某融资型分级模式分级基金产品X（母基金）为例，其被分为A份额（约定收益份额）和B份额（杠杆份额），A份额约定一定的收益率，母基金扣除A份额的本金及应计收益后的全部剩余资产归入B份额，亏损以B份额的资产净值为限由B份额持有人承担。当母基金的整体净值下跌时，B份额的净值优先下跌；相对应地，当母基金的整体净值上升时，B份额的净值在提供A份额收益后会获得更快的增值。B份额通常在较大程度上参与剩余收益分配或承担损失而获得一定的杠杆，拥有更为复杂的内部资本结构，非线性收益特征使其隐含期权（见图11）。

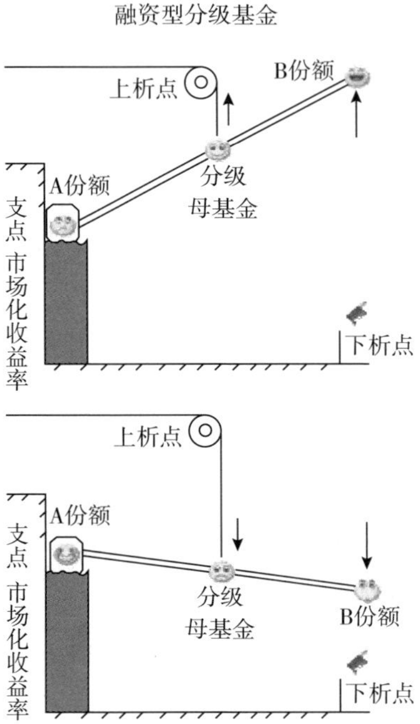

$$\text{A合理价}=\frac{\text{A约定收益率}}{\text{市场化收益率}}+\text{A净值}-1$$

母基金实时净值=母基金昨日净值×(1+跟踪指数涨跌幅×95%仓位)

B合理价=(母基金实时净值−A价格×A占比)÷B占比

图11　公募基金中分级基金上析点与下析点图解

换一种拟人化的说法，就是将分级基金中的A份额当作弟弟，B份额当作哥哥。哥哥非常激进，弟弟较为保守。母亲（母基金）分给哥哥与弟弟每人100万元，让他们自己去投资。哥哥借了弟弟100万元，加上自己的100万元，共200万元去炒股，承诺保证弟弟本金的安全并每年给予弟弟5万元利息。所谓分级基金就是融资炒股，哥哥为杠杆基金。

如果遇上股市下跌，无论哥哥亏了多少，最终都要还给弟弟100万元加5万元利息。万一弟弟的资金被亏光了怎么办？为了保障弟弟本金的安全，哥哥在向弟弟借钱的时候就约定：一旦炒股账户中的200万元，亏到了125万元，也就是弟弟100万元，哥哥25万元，弟弟为了安全可以从自己的100万元中抽出75万元。

此时，炒股账户就从125万元变为了50万元，即弟弟25万元，哥哥25万元。哥哥的杠杆降下来，依然按初始1∶1的比例借弟弟的钱，哥哥拿着剩下的50万元去炒股。这个过程就是向下折算。

在2015年的杠杆牛市与其后的“异常波动”中，不少投资分级基金的进取级别的投资者损失严重。

那么该如何有效投资基金？市场中的基金数以万计，又该如何选择？

理论上，可以用于评估基金的方法如下。

基金评价是用于评估基金的一个标准。

- 基金评价是通过一些定量指标或定性指标，对基金的风险、收益、风格、成本、业绩来源及基金管理人的投资能力进行分析与评判。

- 其目的在于帮助投资者更好地了解投资对象的风险收益特征、业绩表现，方便投资者进行基金之间的比较和选择。

- 国际上通行的一种方法是判断基金的4P，即People（投研团队）、Philosophy（投资理念）、Process（投资流程）和Performance（投资业绩）。

评估基金的另一个重要标准就是基金评级。

- 基金评级是指由基金评级机构收集有关信息，通过科学定性定量分析，依据一定的标准，对投资者投资于某一种基金后所需要承担的风险及能够获得的回报进行预期，并根据风险和回报的预期对基金进行排序。
- 基金评级机构有美国的晨星评级、标准普尔评级，国内的济安评级、天相评级、中信证券评级等。

那么我们该如何选择适合自己的基金呢？

根据互联网、App上推荐的基金获得的短期回报是最高的吗？实际上，我们买入后其大概率会成为短期表现最差的！因为长期回报就那么多，前期的高回报已经提前透支了，后期的回报潜力就低了，我们很可能还要为之前的“盛宴”买单。

根据基金经理的颜值？这就更不靠谱了！能赚钱的基金经理才是最靠谱的人。

根据参加直播时基金经理所描绘的投资蓝图？我们需要知道市场的特征是变幻莫测，投资是不可能按原来的蓝图来实施的。

我认为有两种方法是简单、有效的。

1.坚持主动管理型基金的“双十原则”，让长跑明星为自己长期效力。

基金投资的核心是基金经理，投资是一场马拉松，因此我们必须选择具备长期优秀业绩的“长跑明星”，就好比如果我是一位班主任，现在要选学生去参加“奥林匹克”数学竞赛，那么我肯定会选班上的“学霸”，而不选刚从其他学校转学来的、自称有超人潜质的学生。

那么在数以万计的基金经理中选出优秀的“长跑明星”很难吧？一点也不难！

根据公开可查的数据，国内公募基金经理中，任职超10年、平均年化收益率超过 20%的只有5位，10年间年化收益率超过10%的也仅有区区40位。只有几十个而已，太容易挑选了。

因此，对于新发行的股票基金，只要直接对照这几位基金经理是否在里面，就能决定该基金是否值得认购。对于现存的老基金，选择的标准也相同。

一经做了正确的选择就长期“躺平”，忽略短期的估值波动，以便让“长跑明星”为自己长期效力。

至于何时考虑赎回？那就看以下情况吧。

（1）选定的基金经理不再直接参与自己持有的基金的管理。

（2）选定的基金经理连续多年跑输市场。

（3）等钱花而必须赎回基金。

2.坚守指数基金的“实用原则”，让国运来为自己创造长期回报。

指数基金（index fund），顾名思义，就是以特定指数（如沪深300指数、标普500指数、纳斯达克100指数、日经225指数等）为标的指数，并以该指数的成分股为投资对象，通过购买该指数的全部或部分成分股构建投资组合，以追踪标的指数表现的基金产品。通常而言，指数基金以减小跟踪误差为目的，使投资组合的变动趋势与标的指数相一致，以取得与标的指数大致相同的收益。

按不同的分类方式，指数基金可分为以下几种。

（1）按复制方式，指数基金可分为如下两种。

● 完全复制型指数基金，力求按照基准指数的成分和权重进行配置，以最大限度地减小跟踪误差为目标。

● 增强型指数基金，在将大部分资产按照基准指数权重配置的基础上，也用一部分资产进行积极的投资。其目标为在紧跟基准指数的同时获得高于基准指数的收益。

（2）按交易机制，指数基金可分为如下4种。

● 封闭式指数基金，可以在二级市场交易，但是不能申购和赎回。

● 开放式指数基金，不能在二级市场交易，但可以向基金公司申购和赎回。

● 指数型ETF，既可以在二级市场交易，也可以申购、赎回，但申购、赎回必须采用组合证券的形式。

● 指数型LOF，既可以在二级市场交易，也可以申购、赎回。

指数基金的优势在于以下几点。

● 指数基金不需要投资者主动管理，交易费用低、管理费用低，因而长期回报潜力较高，而且能有效地规避投资者的非系统性风险（个股风险）。

● 在海外投资中，“简单的往往是最有效的”。普通投资者在海外投资的实践中，也能通过选择不同类别的指数基金达到投资目的。

● 不同资产类别（如各地上市的股票、债券、大宗商品、贵金属等）的配置可以通过不同的指数基金（如ETF产品）来完成。

其实，在股票上涨的周期内，真正有效的投资方法就是指数型被动式投资，使用的工具是最简单不过的指数基金。在第一章中，我就详细介绍过，为儿子设立银行基金账户的实践中成功使用国内的这样简单的工具在10年间获得了不错的回报，为他解决了大学学费的实际例子。

巴菲特说过："指数基金是股票投资的不二之选，成本低廉的指数基金是过去35年最能帮助投资者赚钱的工具。"

然而，指数基金在A股并不为广大投资者所普遍接受与选择，问题出在哪里？该如何把海外普遍通用的有效方法加以校正让其更好地用于国内A股？

再强调一下，指数基金投资的要领如下。

- 须摒弃"懒人理财法"，分析市场估值并根据市场估值的高低来择时介入，这是指数基金投资策略成功与否的关键。

- 指数基金定投适合精力、时间有限的，或者不太愿意花时间关注市场的投资者。如果长期投资指数基金，只需先在市场总体下行的时候，设立定期投资计划，然后在下一轮市场高涨时退出，形成"微笑曲线"，则回报相当可观。

- 选取跟踪对市场有足够代表性的指数，如沪深300或沪深300加中证500这样一个组合，或者与海外投资者一样选MSCI中国A指数，以获得市场的长期平均回报。

我做了如下一个统计表（见表5）。

表5 国内关键指数与黄金价格对比

投资品种	2006年7月底	2021年7月底	总收益率（%）	年化收益率（%）
沪深300指数（点）	1 294	4 811	272	9.83
黄金（元人民币/克）	160	485	203	8.24
上海内环板楼（每平方米/元）	28 000	110 000	293	10.27
标普500指数（点）	1 280	4 395	243	9.21
纳斯达克指数（点）	2 085	14 673	604	14.96

尽管国内股市在过去很多时候一直被人们痛骂，但代表国运的沪深300指数在2006—2021年，不经意地以9.83%的年化收益率，不仅跑赢了通胀，还跑赢了绝大部分主动管理型的基金，更跑赢了标普500指数，当然也实实在在地为投资者实现了财富保值增值的小目标。

其实，在2006—2021年，沪深300指数的年化收益率约等于A股上市公司10%左右的平均ROE，也约等于同期国内实际GDP的平均年增长率加上平均通胀率。因此，从长期而言，这样的一个主流指数就是国内经济的“晴雨表”，完全代表国运。

其实，在投资理财中长期配置主流指数基金就是做多中国、投资于国运。作为国民，投资于国运相对于把宝压在某一位基金经理或某一个上市公司上而言，应该是最靠谱的投资了。

基金投资除了可以用来配置权益类资产（股票），还可以用来配置其他资产类别以实现不同资产类别的配置。

例如，房地产投资信托基金（REITs），它是房地产证券化的重要手段。房地产证券化就是把流动性较弱的、非证券形态的房地产投资，直接转化为资本市场上的证券资产的金融交易过程。房地产证券化包括房地产项目融资证券化和房地产抵押贷款证券化两种基本形式。

- REITs的特点在于：收益主要来源于租金收入和房地产升值；收益的大部分将用于发放分红；REITs长期回报率较高，与股市、债市的相关性较低。
- 国际意义上的REITs在性质上等同于基金，少数属于私募基金，但绝大多数属于公募基金。REITs既可以封闭运行，也可以上市交易流通，类似于我国的开放式基金与封闭式基金。
- 近20多年来，北美地区的REITs收益最佳（13.2%），欧洲地区的REITs次之（8.1%），亚洲地区的REITs平均收益最低（7.6%）。

国内的REITs已经试点3年了。

全球不同的主要市场、不同的资产类别均可用不同的基金来实施资产配置。

又如，QDII基金，它是有关部门批准从事境外证券市场的股票、债券等有价证券业的投资基金。它也是在货币没有实现完全可自由兑换、资本项目尚未开放的情况下，有限度地允许境内投资者投资境外证券市场的一项过渡性的制度安排。

- 我国目前存续的QDII基金，覆盖亚太、欧美等主要市场，并覆盖股票、债券、黄金、矿业等主要核心与另类资产类别。

从投资理财进阶的角度，公募基金是适合大众的“阳关道”，而私募基金和创投基金则是仅适合高净值人群的“独木桥”。

对于资金量大而又具备风险承受能力去追求长期超额回报的私人投资者，除了走股票、公募基金等“阳关道”，还可以走私募基金、私募股权投资（PE）和创业风险投资（VC）等“独木桥”。

所谓私募是指向少数确定或特定的投资者进行募集资金的融资方式。

私募基金和公募基金既在一些基本制度上有差别，在投资目标、业绩激励机制、风险承担等方面也有较大的差别。

首先，投资目标不一样。公募基金的投资目标是超越业绩比较基准，以及追求同行业的排名。而私募基金的投资目标是追求绝对收益和超额收益。同时，私募基金投资者所要承担的风险较高。

其次，业绩激励机制不一样。公募基金的收益来自每日提取的基金管理费，与基金的盈利、亏损无关。而私募基金的收益主要来自收益分享，只有在私募产品单位净值是正的情况下才可以提取管理费，如果其管理的基金是亏损的，私募基金公司就不会有任何的收益。一般私募基金按业绩利润提取的业绩报酬率是20%。

最后，公募基金在投资上有严格的流程上和政策上的限制措施，包括持股比例、投资比例的限制等。公募基金在投资时，因为牵扯到广大投资者的利益，公募的操作受到了严格的监管。而私募基金的投资行为除了不能违反《证券法》的相关规定，在持股比例、投资方式、仓位等方面都比较灵活。

PE是指以一级市场为主要标的物的基金形式（又称私人股权投资），是一个很宽泛的概念，用来指称对任何一种不能在股票市场自由交易的股权资产的投资。被动的机构投资者会先投资私人股权投资基金，然后交由私人股权投资公司管理并投向目标公司。PE可以分为杠杆收购、风险投资、成长资本、天使投资、夹层融资及其他形式。

然而历史经验告诉我们，最佳的PE机会往往出现在经济周期的底部。当投资者感觉不好时，其实是不错的投资机会出现的时候。此时投入，投资者往往能以低价进入。当几年后退出时，很可能碰上股市的上升周期，投资者也能以理想的价格退出。

当然，PE和VC投资还有高风险、时间长（通常至少锁定资金3~5年）、流动性弱（几乎不可能有二级企业市场）、收益非常不确定（投资项目的前景不确定）等特性，这就决定了其是极为不适合大众的投资方式。

同时，它们的高投资门槛（500万~1 000万元）也决定了它们仅仅是为高净值人群特设的“独木桥”。

对通过PE、VC（间接参与）投资新兴产业的投资者来说，科创板的推出、创业板“注册制”的实施、北交所的成立等在多层次资本市场建设上的新举措，显著拓宽了获利、退出渠道，从而增加了获取超额回报的机会。特别是当实体经济增速放缓，结构面临转型之时，更需要有更多的投资进入新兴产业，以促进转型。

不过PE和VC并不一定会使富有的人们富上加富。因为PE和VC投向初创企业，商业模式依然在探索之中，公司盈利非常不稳定，公司往往会经历九死一生。

我曾经就此问过一个客户J总—— 一位成功的企业家。他告诉我，他10多年来个人投资理财的主要方向就是私募基金和PE，总投资数亿元。我直接问他："有没有认真算过总的平均年化收益率？"他说没有，只记得有几个项目赚了不少钱。于是，我们认真地一起大概算了一下他这10多年来投资私募基金和PE的总体回报率，结果是一点不意外地明显跑输银行存款收益率。

其实，投资私募基金和PE所获得的总体回报率跑输银行存款收益率一点都不奇怪。大家印象中的私募基金、PE、VC的高回报率往往源于"幸存者的偏差"，偶尔投中了一个好项目，便大肆宣传，其实，这是建立在无数个项目投资会打水漂的基础之上的。

三、资管新规下的理财产品与债券投资

固定收益类产品（如债券）好比是"乌龟"，回报稳定，但似乎总是不紧不慢，欠缺激情。而那些进取型的投资产品好比是"白兔"，价格变化得快，上蹿下跳。长期以来，国内的个人投资者多希望跟随"白兔"，实现财富快速增长的目标。但由于大多

数人很难在投资理财中克服人性的弱点，往往是进一步退两步，到头来反倒不如那些跟随“乌龟”的人了。

各种固定收益类理财产品曾是国内投资者简单、有效的不败“理财神器”。然而，近年来，情况已经有了变化，特别是自资管新规推出之后，各类曾经为投资者带来较高固定回报的“影子银行产品”或“次级债”产品的“刚性兑付”的神话已经不再。

资管新规就是用新的规则对超过百万亿元规模的国内资产财富管理行业进行规范约束。

首先，规模最大的“资管”就是银行理财。

银行理财包括表内理财、表外理财（我们在2018年年初统计的数据是22.2万亿元），两者加起来是30万亿元。为什么分为表内理财和表外理财呢？表内理财就是银行资产负债表里面，根据原银监会的相关指引，所有提到保本理财的都要归到银行的资产负债表，因此表内保本理财是7万亿元左右，22.2万亿元非保本理财是表外理财。

表外理财在资产负债表以外，这一块按照原银监会相关的指引，客户风险自担。这实际上隐含了银行作为发行方“兜底”的“刚性兑付”责任。

而公募基金跟私募基金是规范的，投资的无论是股票、债券还是货币市场，都是单独建账，里面的资产是透明的，每天看到的净值该是多少就是多少，不会出现所谓的“客户表面上承担一切风险，而最终出了风险不用承担风险”的现象。

资管新规的第一个核心内容就是“打破刚性兑付”。每个产品要独立运作、单独进账，这样我们才能看得到它的净值变化。客户自行接受投资的结果，有收益了自己拿，有亏损了自己担。

原来，通常情况下保险、基金、证券跟信托、银行之间是由不同的监管机构来监管的。不同的监管机构监管下的杠杆比例不同，可以入池的品种要求不同。通过层层的嵌套，跨越不同的监管机构，我们要想清晰了解底层资产非常困难，因此也就有了资管新规的第二个核心内容“消除嵌套”，即限制多层嵌套，同时统一杠杆的标准，降低杠杆的比例，限制投资范围。

资管新规的第三个核心内容是“非标”。“非标”，即“非标准化”的资产，我们很难对其进行估值，如产业基金、ABS类，其特点是期限长、流动性比较弱、投资范围比较广。在资管新规下，处理非标除了要做更多的额外信息的披露，风险要开始隔离，还要对产品范围做更多的限定。

资管新规的正式稿吸取了金融机构的一些意见，也做了相对宽松的处理，在消除长期风险的同时顾及了中短期的平稳过渡。

总体而言，资管新规的出台有助于拉动实体经济，达到以下几个目的。

- 打破投资理财产品的所谓“刚性兑付”。
- 把层层的嵌套梳理清楚，将杠杆降下来。
- 加强对各种搞不清楚的资产、流动性弱的资产、错配的资产的监管。

实际上以下效果已经显现。

（1）实际的无风险收益率降下来了，这对于拉动实体经济是有帮助的。

实际的“无风险收益率”，如过去很长时间商业银行的理财产品的平均收益率为3%~5.5%，其实很高。资管新规的严格执行，让投资收益率降了下来，实际上就是降低了无风险收益率，降低了整个社会的融资成本，对实体经济有了正向拉动作用。

（2）随着资管新规的严格执行，真正能把握住市场机会、能管理好投资理财规划、为客户创造价值的一些专业的资产管理人，以及能根据客户需要去适配风险、带来好的回报的理财师，就能够真正体现自身专业价值了。

从投资者的角度，如果不满足于银行存款的低收益率，又不愿意承担股票等投资工具的高风险，同时担心资管新规打破“理财产品”刚性兑付后配置风险上升，那么可以考虑投资债券。

对于风险厌恶型或不能承担风险的投资者，其投资目标是在保障本金安全的前提下追求中长期稳定回报，其资产应配置成一个保守型的组合，债券应该在其投资组合中占80%或以上；对于能且愿意承担一定风险来追求资产适度增值的投资者，其资产应配置成一个平衡型的组合，债券应该在其投资组合中占40%~60%；对于能且愿意承担较大风险来追求资产较快增值的投资者，其资产应配置成一个进取型的组合，债券在其投资组合中应占10%~20%，即可增加投资组合在不同周期的稳定性。

从债券的具体品种看，国债是最为安全的“金边债券”，安全性和流动性强，预期回报率相比其他同期的债券品种要低。

企业债的回报率较高，但企业债投资者须承担企业能否按时还本付息的信用风险。企业债收益率高出同期国债的部分就是“风险溢价”。不同的企业，其可靠程度不同，投资者所须承担的信用风险也不同，收益率也会因“风险溢价”的差异而高低不一。大型国企和央企所发行的债券隐含了国家信誉，其安全性接近国债，因此收益率也仅仅比国债稍高。规模相对较小的地方企业、民营企业通常信用风险较高，因此收益率也相应较高。

可转债，是投资者拥有以一个事先约定的转换价格在将来的某个时间把持有的债券转换成股票的一种公司债券。因为这种债券内含以约定的价格认购发行公司的股票的期权，因此要求的派息率较低。投资者寄希望于将来公司股票价格上涨而令内含的认股权证升值。

但我们需要知道的是，直接参与交易所的企业债券投资的必须是机构投资者，起点在500万元面值或以上。

此时，债券基金就能协助突破瓶颈。关于债券基金，前文已经讲过，不再赘述。

四、保险，中产阶级的避风港

当中产阶级积累了一定的财富，希望享受“稳稳的幸福”时，可以配置适当的保险方案，它是财富进阶中不可或缺的一步。

什么是保险？不要去想那些附属细则——免赔额、特殊附加险、除外责任条款。保险的本质就是风险共担。你、我及其他人共同把钱放进一个由一家保险公司监管的资金池。如果有人遭遇不幸，就可以从这个池子里获取资金。剩下的人继续支付保险费但不会得到任何回报，然而人们对此心甘情愿，因为这表明生活中一切平安无恙。

我们可以利用保险为自己提供经济上的保护，以应对各种不幸，包括房子被烧毁、生病、车祸、残疾、被起诉，或者去世后让家人陷入贫困等。

根据具体情况的不同，这些风险所造成的伤害程度也各有不同。例如，如果一个人在40岁时突然死亡，对于那些在经济上依赖他的人来说，这会是一个严重的问题，那么购买人寿保险或许是一个好主意。如果这个人是一个70岁的退休人士，就不会对他人产生太大的影响。到了70岁这个年纪，儿女可能已经成家立业，这个人的配偶会为他的离世感到悲伤，但是其经济状况有可能更好些。毕竟原本为两个人准备的储备金，现在只需用于支付一个人的开销。这就意味着此时这个人不需要再购买人寿保险了。

思考一下我们所面临的所有财务风险，如果自己有能力应对这些风险，就不需要为之购买保险；如果风险所造成的经济后果会严重到让我们和我们的家人无法承受的程度，那么我们或许需要购买保险。我的建议是，购买我们需要的险种，并尽可能缩小保险范围，即选择“刚需”险种。

如何选择“刚需”险种？下面我们从保险的定义及分类展开来讲。

保险是指以集中起来的保险费建立保险基金，用于补偿被保险人因自然灾害或意外事故所造成的损失，或者对个人因死亡、伤残、疾病，或者达到合同约定的年龄期限时，承担给付保险金责任的商业行为。

（1）根据保险标的的不同，保险可分为财产保险、人身保险。

（2）根据实施形式的不同，保险可分为强制保险和自愿保险。

（3）根据业务承保方式的不同，保险可分为原保险和再保险。

（4）根据是否盈利的标准，保险可分为商业保险和社会保险。

（5）根据被保险人的不同，保险可分为个人保险和商务保险。

各保险公司的保险产品各有差异，不同的人群对同样的产品的优点和缺点的容忍度也存在差异，没有最好的保险产品，只有最适合自己的保险方案组合。保险方案组合可结合自己的收入、家庭大小及身体情况去考虑。

有人把保险比作飞机上的降落伞，虽然未必有用，但这一份保障是实实在在的。我更倾向于另外一种形容：如果把不同的投资理财产品的组合比作一支“足球队”，不同的产品担任着前锋

（如股票）、中场、后卫（如债券）等角色，那么保险就是当之无愧的守门员，当情况紧急时，一定得依靠它。

保险的具体功用是，利用集体的力量令个体用最小的代价防范不同生命周期的各种大风险；以相对小的投入来承担照顾家庭、子女的重担；以当前力所能及的积累确保将来的退休生活和医疗费有着落；作为有产人士财富规划的一部分，确保财产以节税的方式、以规划好的分配方式转移给下一代……

虽然保险的保障功能是其核心所在，但在我国的保险实践中，弱化了保险的保障功能，强化了其投资功能。我认为这一现象值得我们慎重对待。

投资型保险是人寿保险下面的一个分支，这类保险属于创新型寿险，最初是西方国家为防止经济波动或通胀对长期寿险造成损失而设计的，之后演变为客户和保险公司风险共担、收益共享的一种金融投资工具。

投资型保险通常分为3类：分红险、万能寿险、投资连结险。其中，分红险投资策略较保守，收益相对其他投资型保险为最低，风险也最低；万能寿险设置保底收益，保险公司投资策略为注重中长期增长，主要投资工具为国债、企业债券、大额银行协议存款、证券投资基金，存取灵活，收益可观；投资连结险的主要投资工具和万能寿险相同，不过投资策略相对进取，无保底收益，所以存在较大风险，潜在增值性也最大。

固定收益的投资型保险（如分红险、万能寿险）的真实回报率和银行同档次的定期存款利率相差无几，而流动性则差之千里。所以，财富保值增值的目标可以用投资理财的传统产品（如股票、基金等）完成，而家庭的保障则少不了保障型保险和保险规划。

保障型保险主要是指传统的具有储蓄性质的寿险，这类寿险设有固定的保单利率，不会随市场利率的上升而提高，也不会随市场利率的下降而降低，投保人获得的保险保障是一个确定不变的给付金额。

其实对普通家庭来说，必备的就是保障型保险，尤其是一些基础保险。一般保险公司提供的保障型保险主要有以下几个品种。

（1）寿险。当被保险人身故和全残时可以获得保单所约定金额的全额赔付。这是保障型保险中一种最通用、最实际的险种，通常也是性价比最高的险种。

（2）意外险。被保险人因意外而发生的身故或残疾，其中残疾分很多等级，从最小的小拇指部分缺失到全残都包含在内，保险公司按残疾的程度给以不同程度的赔付。

（3）重疾险。被保险人确诊为保险规定种类的重大疾病可得到赔付，确诊即赔付。投保人在投保时必须仔细了解重疾的覆盖范围，以免万一不幸染上某些消耗性重疾，却发现无法得到保险的赔付而“空悲叹”。

（4）医疗险。保险公司对被保险人住院或手术发生的各种医疗费用给予补偿；按照实际发生费用的一定比例赔付，病种不限。

（5）养老险。由被保险人在保险公司储蓄养老金，保险公司扣除一定的初始费用后，以比银行定期利率略高的利率复利增值。等到被保险人需要养老的时候，从这个账户中领取养老金。

从本质上看，每个人所必需的就是定期寿险——最简单的往往是性价比最高的。定期寿险是指在保险合同约定的期限内，如果被保险人死亡或全残，则保险公司按照约定的保险金额给付保险金；如果保险期限届满，被保险人健在，则保险合同自然终止，保险公司不再承担保险责任，并且不退回保险费。定期寿险的保险期限有10年、15年、20年，或者到50岁、60岁等约定年龄的多项选择。

定期寿险具有低保费、高保障的优点，保险金的给付将免纳所得税和遗产税。越是在年轻时，越应该购买，因为年轻时认购的保费要比年长时低得多。等到自己觉得需要时，往往已经超过保险公司愿意受保的年龄了。

另一种比较“刚需”的保障型保险就是重疾险。重疾险即重大疾病险，是指由保险公司经办的以特定重大疾病，如恶性肿瘤、心肌梗死、脑出血等为保险对象，当被保人患有上述疾病时，由保险公司对所花医疗费用给予适当补偿的商业保险行为。这是个人对由国家提供的医保计划的重要补充。

多数时候，我们备足上述两种保障型保险就有了基本保障，其他的则是锦上添花。不同保险公司同样的险种的实际保障范围相似而保费相差甚远，值得我们货比三家，选出最适合自己的。

一个家庭的保障需求和部分保险公司提供的近期关于定期寿险与重疾险的保费，如表6所示。

表6 部分保险公司定期寿险与重疾险的保费

不同保险公司	先生（44岁）		太太（42岁）	
	定期寿险（每千元保额）	重疾险（每千元保额）	定期寿险（每千元保额）	重疾险（每千元保额）
信诚人寿	10.21‰，保到60岁，交18年	7.44‰	6.02 ‰，保20年，交20年	5.11‰
新华人寿	7.5‰，保20年，交20年	—	3.5‰，保20年，交20年	—
太平人寿	8.4‰，保到65岁，交20年	13.9‰，保到65岁，交20年	5.4‰，保到65岁，交20年	11.7‰，保到65岁，交20年
友邦保险	10.83‰，保20年，交20年	14.63‰，保20年，交20年	6.55‰，保20年，交20年	11.78‰，保20年，交20年
人保健康	—	14.7‰，保20年，保20年	—	10.4‰，保20年，交20年
泰康人寿	7.38‰，保20年，交20年	—	3.89‰，保20年，交20年	—

注：在本表中，就定期寿险而言，选择泰康人寿和新华人寿是最划算的。其中，先生每千元保额的年保费分别为7.38元和7.5元，泰康稍便宜一些；而太太每千元保额的年保费分别为3.89元和3.5元，新华稍便宜一些。至于重疾险，则选择信诚人寿更为划算，先生每千元保额的年保费为7.44元，而太太每千元保额的年保费为5.11元，比其他各家公司都便宜。

那么我们应如何为自己的家庭规划保险呢？在规划之前，我们应该了解保险计划的基本原则。

（1）把所有的家庭成员视为一个整体，规划出最适合自己家庭情况的保险计划。

（2）遵循家庭无法承担的风险先保，对家庭财务影响大的风险先保的原则。因此，一个家庭中首先应该被保障的成员应该是家庭的顶梁柱，即经济支柱。当家庭遇到任何风险时，只要顶梁柱在，财务上的问题就可以解决，如果顶梁柱不在了，整个家庭就陷入了瘫痪。

各种险种当中，首先应该考虑的是家庭顶梁柱的寿险、意外险和重疾险，其次是发病率较高的家庭成员的重疾险。很多家庭有了孩子后先给孩子买保险，虽然从感情上说得通，一切为了孩子，但这种思路是不正确的，应该先保大人。只有大人有了保险，万一出事了，孩子的抚养和教育才有经济来源。

（3）最后购买养老险和子女教育险。

总而言之，保险计划应以简单实用为基本原则。而保险的对象应为家庭的经济支柱，因为“保了鸡才会有蛋”。只有掌握了这些保险基本原则，才会有能力掌握保险计划的主动权，避免被专业水平有限而职业操守欠佳的保险经纪人忽悠和误导。

考虑到人民币汇率进入“双向波动”的常态、资产的全球化配置、财富的规划与避险，不少人曾一度积极到香港购买各种各样的保险产品。公开数据显示，2015年前3季度内地访客到香港购买保险产品的保单费总额约合211亿港元，而2010年这一数字仅为44亿港元。

市场对赴港买保险的这股热潮曾有不同的评价。一种说法是，很多投资者只是跟风而动，为买而买，意义不大，而且日后理赔不便，遇上纠纷难以解决。另一种说法是，香港提供的海外保单，品种齐全，价格较内地有优势，而且可以借此实现财富的全球配置。

以上两种说法都各有道理。评价海外保单是否值得拥有，关键在于，投资者要通过海外保单达到什么目的。

以投资获取“低风险、高回报”为目的。很多投资者到香港后延续在内地购买保险的习惯，选取投资型保险，被保险公司宣传的6%~8%的固定收益所吸引。其实，世界上本无“低风险、高回报”的投资品，与内地相比，香港市场更为成熟与理性，投资者更是难以寻觅到此类特别优惠的投资品。因此，此类投资型保险回报潜力其实并没有宣传中那么高。总体而言，无论是港元还是美元，目前的利率水平都低于人民币。在内地，各种收益合理而风险可控的投资品（如银行理财等）在便捷度与实际回报率方面都会更有优势。

以资产全球化配置为目的。不少投资者首先通过在香港刷银联卡用人民币购买保单，然后通过保单质押贷款的方式在香港取得外币现金，实现资产全球配置。这种安排有不少问题。

a. 据彭博社报道，中国人民银行自2016年3月12日起，禁止内地居民使用银联卡等电子支付手段在香港购买人寿保险及投资产品，但仍允许每次购买3万元人民币以下的个人意外保险、医疗保险等产品。如果多次购买小额保单，每次银联都会收取固定的交易费用，总体成本不合算。

b. 即使好不容易购买了多张保单，加在一起质押给香港的金融机构来取得贷款，取得的贷款也多会被要求留在相关金融机构进行范围有限的投资，灵活度不高，而且贷款成本不低，投资回报也不确定能否覆盖贷款成本。

c.把以上综合成本加在一起，即使日后港元或美元对人民币有所升值，通过这种方式进行海外投资也不一定划算。

以获取更具优势的保障为目的。如果以此为目的购买保单，就是回归保险的本源。寿险海外保单与内地相比，额度更大，费率更低（得益于市场充分竞争和完善的再保险制度，同样保额的保单，保费比内地低30%~50%），重疾险海外保单保障的疾病种类较内地的多，保费也更低。如果不考虑出险索赔地域跨度的因素，海外的此类保障型保单确实具备优势。

高净值人士以财富传承为目的。作为有产人士财富规划的一部分，确保财产以节税的方式、以规划好的分配方式转移给下一代，海外保单是有效的工具。

设想在一个遗产税税率为50%的国度，某人的父亲去世时为他留下了价值300万元的房子。他要得到这笔遗产，必须按50%的税率缴纳遗产税，除非能拿出150万元来把应付的遗产税交清，否则，父亲留下的遗产怕是无福消受了。难道就没有其他解决办法了？非也！如果他的父亲在年富力强时做到未雨绸缪，准备好一份以儿子为受益人的保额为150万元的终身寿险保单，他就能刚好把得到的保险赔偿金（寿险赔付金通常是免税的）用来付清遗产税。当然，同样的保额，在年轻时买与在年长时买，保费价格天渊之别。及早规划的重要性不言而喻。

即使没有遗产税，资本增值税的“威力”也不容小觑。假设某实业家创业致富，在事业上颇有起色，儿子也参与到公司的管理中。然而，这个实业家不幸去世，其持有的公司股份在税务上若被全部售出，则公司价值的增值部分可是要缴纳增值税的。税率假设为50%，儿子该如何处置，难道要把公司卖掉一半吗？解决办法也可以用大额保单，具体操作与上一个例子相似，即用保险赔偿金来付清税项，儿子继承股权继续经营公司。

这类大额保单确实值得在海外拥有，其既有费率相对较低而保额足够大的优势，整体法律和法治环境也是财富传承的重要保障之一。

综上所述，海外保单是否值得拥有是因人而异的，需看个体的具体目的与需求。

五、外汇投资，让投资组合更丰富

近年来，不少投资者具备海外资产多元化配置意识，持有不少外汇资产。不同的外汇币种该如何选择配置？哪家外汇资产更值得持有呢？

我认为，如美元能有所回调，就是增加配置的一个好机会。原因如下。

（1）美国整体经济从上一轮金融危机中复苏后一直处于稳定增长的状态。

虽然2020年的新冠疫情打断了美国经济持续10年的扩张，但是，随着疫苗的接种率及病毒的自然感染力的双重提升，美国的社会逐步恢复开放，经济增长渐渐地回到正常的增长轨道。2022年公布的数据显示，2021年第4季度美国实际国内生产总值按年率计算增长6.9%；2021年美国经济增长5.7%，为近38年以来的最高增长。美国经济增长从长期而言也优于欧元区、日本、加拿大、澳洲等发达经济体。经济增长的相对强势最终会体现为币种的相对强势。

（2）2022年起，美国一直收紧货币政策，利率稳步上行无悬念，而且在美联储的声明中明确表态将“缩表”提到议事日程。

货币的收紧加上利率的优势定会让美元较其他币种更有吸引力。从图12中可以看出，美元指数处于上升周期。根据历史经验，美元指数的涨跌周期中一般比较长的回调只是一个插曲而已。

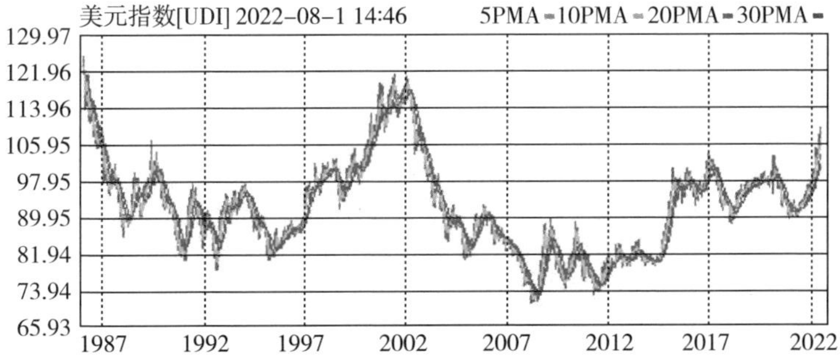

图12 美元指数长期走势（东方财富网数据）

（3）美元的资产品种更丰富，有利于投资增值。

美元是国际上最广为接受的币种，也是投资工具最为丰富的币种。以美元计价的投资品种众多，如房地产投资信托基金（REITs）、房贷支持证券（MBS）、资产支持证券（ABS）等。对于不同风险偏好的投资者，总有一个投资组合能与之匹配。

因此，把大部分外汇资产配置在美元中应该是理性的选择。

然而根据“不要把鸡蛋放在同一个篮子中”的经验，在外汇资产配置以美元为核心的基础上，实现多元化配置也是十分必要的。那么，除了美元，还有哪些外汇币种值得配置？

我认为应首选英镑（见图13）。英镑从2016年英国“脱欧”而遭到抛售之后，长期处于被低估的状态，而英国经济基本面与欧盟国家相比不差，长期增长潜力也在发达国家中居于前列，英镑目前所处的地位为投资者提供了适当配置的机会。

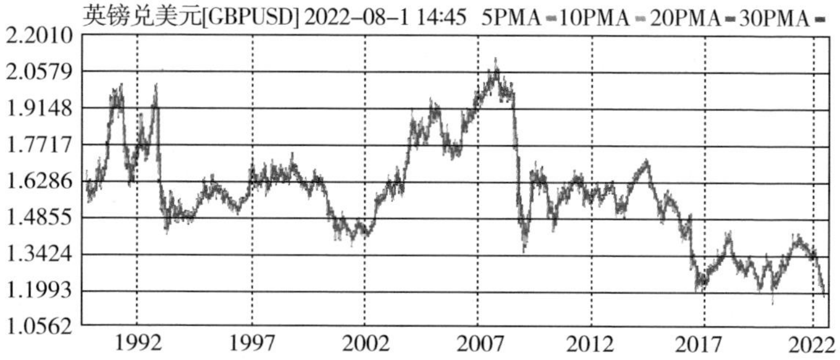

图13 英镑兑美元长期走势（东方财富网数据）

欧元也是一个可以考虑的外汇币种。欧元区的种种不稳定及经济复苏乏力已经让欧元持续走弱多年，2022年上半年欧元区加息较美国明显滞后，令欧元跌至几乎与美元平价的历史低位。随着疫情的逐步平复、社会的逐步开放，欧元区经济开始复苏，欧元的长期弱势也让欧元有了价格优势（见图14）。

还有一个值得选取的外汇币种就是日元，日元几十年来一直在1美元兑120日元，以及1美元兑80日元的区间运动。贬接近120日元时，就是买入机会；升接近80日元时，就是卖出机会。

2022年年初的价格是110日元，然而，2022年年中，因为日本央行依然坚持实行负利率，使日元与步步高升的美元利率之间的利差扩大，美元兑日元的汇率进一步跌至1美元兑135日元的历史低水平，看来，日元的买入机会马上到来了（见图15）。

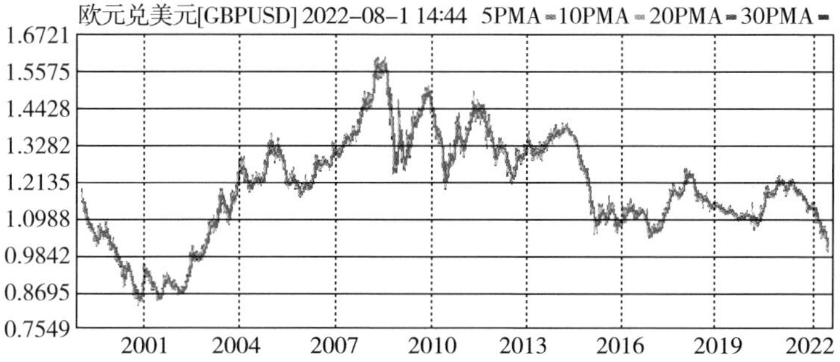

图14 欧元兑美元长期走势（东方财富网数据）

图15 美元兑日元长期走势（东方财富网数据）

其实，外汇交易是可以成为一个有吸引力的投资机会。投资者既可以系统性地买入并持有某些外币以待其大幅升值，又可以根据对基本面和技术面的分析，进行不同外汇之间的短线交易。而且，外汇资产作为一个资产类别与其他大类资产（如股票、债券、大宗商品等）的相关性极小。即使是金融危机来袭，当其他资产类别价格普遍大跌时，外汇资产也是一个很好的对冲工具。当然，前提是不要做杠杆外汇交易，否则，投资者很可能在市场不同外币汇率的大幅波动中血本无归。

六、房地产投资，财富进阶的有效工具

国内房地产，无可争议的是国内投资者过去10多年来有效的投资理财工具。比起股市，它的门槛高，而且房贷让房地产投资加上了杠杆。房市时刻牵动着亿万人之心，也是近年来大家热议的话题。

我认为，对大多数中产阶级，有自己的住房是标配。以自住为目的，买得起就应该随时买。因为对绝大多数中产家庭而言，住房能带来稳定的幸福感。

然而，从投资角度，国内房地产整体而言已经到了高位，并非保值、抗通胀的最优选择，也不是没有风险的产品。投资房地产需要格外慎重，同时要拓宽视野，调整理念，如应从配置的角度投资房地产，而不应只拘泥于国内的商品住宅投资。

具体投资策略应考虑以下几个方面。

1.寻找楼市洼地。

国内房地产市场充满泡沫是不争之实，如此市场环境之下，

有实力的高净值人群是不应该继续大规模增加房地产在资产配置中的比例的。我们更没必要为投资而买入价格在不能接受的范围内的房子，让自己有房贷压力。

尽管在投资组合中超额配置房地产在现阶段不可取，但如果负担能力没问题，我们也的确需要买房自住，在这种情况下购房未尝不可。不少人担心房价长期下跌，但我们所买的房子是自用的，涨跌其实与我们并不相干，因为我们买它是冲其使用价值，无论市价涨跌，使用价值是不变的。

当然，涨比跌好。那么，有何投资策略来增加投资的胜算呢？

香港的地产大亨李嘉诚曾说过："决定房地产价值的因素，第一是地段，第二是地段，第三还是地段！"

这句话一直以来被房地产业奉为金科玉律。地段投资的影响因素有不少，主要如下。

（1）市场供求行情，一宗地块的好坏，最终体现在需求者多和供给量少上，一宗地块的好坏与市场行情的关系非常密切。

（2）地块的自然条件，包括地块与市中心的距离、土地承载力、地形地势、日照、自然灾害等。

（3）地块的社会条件，包括地块附近的城市基础设施情况、附近的房地产情况、社会治安情况等。

（4）地块的环境条件，包括空气污染程度、噪声大小、绿化程度、视觉效果、清洁程度等。

（5）地块周围的经济条件，包括当地的经济发展状况、物价水平、工资水平、储蓄利率、投资水平等。

对照上述标准，一线城市的核心地段均是投资的相对较佳的选择。而且考虑到一线中心城市核心地段土地资源的紧缺，投资风险相对较小。中国经济的三大重点区域为珠三角、长三角和环渤海经济圈。无论是GDP的总额还是财政收入，这三个地区都是全国最强的。这些地区的中心城市（北、上、广、深）更是财富集中之地和富裕人流汇集之地。当金融“海啸”袭来时，这些地区的核心地段应该是最安全的地方了。

实践也确实能验证“地段是关键”的理论，1997年后香港房价崩盘之际，位于港岛半山的核心地段，价格下跌是最少的，而且价格回升也是最快的。同样，当美国房地产价格全面大跌时，位于纽约的核心地段曼哈顿的高级公寓价格始终跌幅有限。

2. 考虑价格倒挂下的商业地产。

如果希望以持有型物业的方式来投资，自身又能承担风险，那么我们可以考虑价格倒挂下的商业地产。以上海陆家嘴为例，同档次的商业地产（如写字楼等）的价格要比住宅价格低一半，其租金的回报潜力反而大于住宅。将商业地产作为长期投资，有较好的防御性。

如何在考虑商业地产投资回报的同时控制好风险？租金回报率和长期的升值潜力都是要考虑的关键点。针对不同类型的商业地产，投资决策前需要评估的关键点略有不同。

（1）商铺。

关于投资商铺，有业内人士总结出3点建议。首先，地段依然是关键，因为地段决定了人流，也决定了租赁者对商铺的兴趣；其次，必须了解当地的城市规划，这将决定商铺的长期投资前景；最后，一定要关注商铺目前的租金回报率，这是决定我们的投资能否承担风险的关键。近几年，实体商铺的生意受电商的冲击比较大，因此投资更应小心谨慎。

（2）酒店式公寓。

酒店式公寓投资要把握3个基本要素。首先，区域内要有完善的商业配套，如一站式服务，购物、休闲、餐饮、娱乐都能享受到；其次，交通要便捷，无论是公共交通系统还是周围道路建设，都需要充分考虑在内；最后，出租率高是公寓的价值保障关键，要仔细考察附近的商务客流。

（3）商务写字楼。

此项投资需要评估的关键点是地段、品质和物业。商务写字楼一定要处于城市繁华区域或极具升值潜力地段；5A甲级是选择入住写字楼的标配；要拥有优良的物业及符合高端商务人士的生活配套。

3.海外地产或许值得拥有。

由于近年来国内经济高速发展带来的私人财富的快速积累，以及国内高房价造成的“挤出效应”，投资海外地产十分红火。

以温哥华为例，20世纪90年代初，香港房价处于巅峰状态，移民的港人卖掉在香港的一间“鸽笼子”大小的公寓，得到的资金就足够一次性全款买下加拿大温哥华的一套独栋别墅。来自香港的新移民在温哥华疯狂“扫楼”，令当地楼价急升。

其实，海外物业的价格很低，租金回报率很高，性价比较高，而且，海外买房多不限贷、拥有永久产权、可自由买卖，省却了许多麻烦和担心。

2019年，我走访欧美多个国家，特地花时间去深入了解了当地的房价，在此把当时的观感与读者分享一下。

在大家的印象中，“永远涨”的不仅是美国股市，还有温哥华的房价。温哥华被认为是全球最适宜居住的城市之一，气候温和，雪山、大海相映，景色优美，吸引了全球各地的投资者，其房价也是北美城市中最高的。

温哥华的城市管理者为了控制房价，除了一直按房价的市值征收房产税（房价涨了，房产税就水涨船高；房东负担不起就要卖房子），2018年以来还连续出台印花税、房屋空置税等政策对投机者进行精准打击，具体包括以下几个方面。

（1）外国人购房税率从15%上涨到20%，征税范围扩大到大温哥华地区之外（包括温哥华岛南部、奥肯那根中部和弗雷泽河谷）的其他BC省（不列颠哥伦比亚省）的主要城市。

（2）BC省还新增一项“投机性税收”，用于遏制空置房屋现象。

（3）物业转让税方面，对价值超过300万加元的房产征收的转让税从3%上调至5%。

出于对自身风险管理的考虑，温哥华各大银行更是严格执行对房贷申请人的收入、首付来源的审核。

经过一系列市场化的调控，加上近期利率不断上行，与几年前相比，大温哥华地区的楼价已经普遍下调，而且作为买家还可以进一步压价。

温哥华的实践表明，在调控房价时，只要用好税收等市场化手段，就可以在增加投机者的成本的同时增加政府的收入，房价也能被调控下来。一石两鸟的效果得以实现。

不过，调控房价也是有代价的，房价下来了，当地经济的增速也会降下来，直接受到重大打击的是大温哥华地区的2万多个持牌房产经纪人，他们中有一半已经改行，剩下的一半中的80%在艰难度日，靠做兼职糊口。

相比之下，离温哥华南面不远的西雅图，依山傍海，风景优美，而且坐拥波音、微软、亚马逊、星巴克等全球“先进生产力”，房价却不到温哥华的一半，或许房价及其他经营成本相对较低也是能引来这些“先进生产力”的一个原因吧。我当时在谷歌导航的引领下驾车到了知名的慈善家比尔·盖茨在西雅图麦地那区的湖畔豪宅附近（见图16），发现与比尔·盖茨共享湖景的邻居中有不少是我们的华人同胞。

在每年12月上海举办的某大型海外地产投资展览中，铺天盖地的都是全球各国的房地产投资宣传，其中，欧洲的楼盘价格普遍特别便宜，甚至便宜得令人难以置信。那么在欧洲投资房地产与在国内相比真实情况如何？我以欧洲房价最贵的城市伦敦的实际情况来分析一下。

大家都知道伦敦是全球的金融中心与商业中心，伦敦的房价贵是全球公认的。怎样的贵法呢？我在2019年年底曾到伦敦的一

图16　比尔·盖茨豪宅的曲径通幽处

位朋友家做客，该朋友的家坐落于伦敦泰晤士河南岸，是一套位于滑铁卢桥脚的国家剧院旁边的公寓住宅，40年的楼龄，保养得非常好，看上去与国内10年左右的新式电梯高层公寓品质无异，实际使用面积为80平方米左右（按国内的建筑面积算就是95平方米），目前市值80万英镑（折合人民币约为700多万元）。

从长期投资而言，全球范围内的房地产投资机会不会比只限于国内范围的投资机会少，而且通过投资海外地产也可以有效分散国内单一市场的系统性风险。对于有条件的投资者而言，通过购置海外房地产、农场、酒庄等进行海外投资和理财，还可在一定程度上达到分散国内投资风险的目的。

当然，投资海外地产必须充分评估境外投资所存在的政治、政策、市场、汇率等风险。通常，美国、加拿大等主要西方国家要征收房产税，而且每年应缴的房产税额与房子的市价是正相关的。作为房东，每年要缴纳房屋价值1%~2%的房地产税，如出租，由于要聘请当地人进行管理，还需缴纳租金的5%~10%作为管理费用。这些都是要考虑在内的投资成本。

如果真正以长期投资房地产为目的，结合稳定租金回报的合理性及永久性产权的确定性等有利因素，那么我们是可以考虑投资英、美等发达市场房地产的（须留意全球税网等一系列因素，或者配合家庭财富规划、子女海外教育规划一并考虑）。事实上，这两年英、美的房地产价格波动很大，先随新冠疫情导致的全球流动性泛滥而大幅上涨，后随各国快速加息而明显下跌。因此，是否有稳定的租金回报依然是把发达国家地产作为构成良好的资产配置的重要考量。

总之，从投资理财角度，要配置房地产（不建议超配）作为整体投资理财组合的一部分，需要量力而为，并且要以“地段”为主要考虑方面，这是降低房地产投资风险的有效途径。对于高资产净值的投资者，多元化的原则也适用于房地产投资，商业地产、海外地产都是较好的投资选择。

第三部分

我们终将变富

第七章

在投资理财的正道上慢慢变富

在前面的章节中，我们已经循序渐进地了解了理财的正确理念，懂得了如何设立适合自己的目标，学会了如何走上投资理财的正道及如何识别并避开各种陷阱、地雷阵，学习并掌握了投资理财的相对简单的规定动作及有一定难度的自选动作。那么，接下来我们就可以一起沿着投资理财的正道慢慢变富了。

要实现财富自由需要有足够的经济实力予以保障，而通过投资理财来实现财富保值增值就如同参加马拉松一样，赢得比赛要“慢慢”实现。

那么，“慢慢变富”的目标是什么？我个人认为，“慢慢变富”的努力目标是实现“10倍回报”。

读到这里，投资者可能依然不认同“慢慢变富”，或者找出茅台等长期上涨的投资品作为反例，认为集中投资这些少数投资品就可以马上变富。

然而，世上没有只涨不跌的投资品，茅台也不例外。

茅台价格持续上涨背后的原因如下。

（1）终极供应者唯一，且在涨价中获益最大。

（2）在长期的价格上涨中，投资者形成了一致的看涨预期。

（3）国内无处安身的巨大流量，推动供应有限的标的大涨。

那么，茅台能否为投资者实现财富保值增值的目标呢？

就过去而言，答案是肯定的。将来如何？不一定！从长期而言，根据以上已经分析的三大原因，茅台价格是会保持上涨趋势的，但在上涨的过程中会有大的反复，也会经历明显的调整。如果低价买入，没问题。如果高价买入，那么根据“均值回归”原理，今后很长一段时间投资回报的潜力就非常有限。而且，与所有的投资品一样，茅台摆脱不了“钟摆效应”，短期会涨过头，也会跌过头。

从理性投资与资产配置角度我们能做到的是，当这类资产过热之时，不妨与它们保持一定距离，等其适度冷却到价格相对合理时再考虑参与也不迟。

读到这里，大家可能问：前面说了“不要炒股票”“不要认为茅台永远涨”，而投资理财又少不了股票这类进取型资产来帮我们实现慢慢变富，A股还有长期“熊长牛短”，那我们该如何“穿越牛熊”？

前面所提到的“合理的资产配置加上价值投资”，就是可以让我们实现“慢慢变富”从而获得稳稳幸福的投资理财正道。

为何坚持价值投资还必须有合理的资产配置予以配合？因为

我们在前面也分析过，只有股票这类资产才能让我们获得高回报，而价值投资是让投资者实现长期稳定高回报的关键。采取价值投资策略，在获得长期高回报的同时，也会受到市场波动的影响，只有进行合理的资产配置，我们才能有足够的流动性强、波动小的资产来应对日常所需，把投资股票的部分资产安心地用于坚持长期投资、价值投资，忽略短期的波动而收获长期的复利。

有了合理的资产配置，在投资者的组合中才有了低风险的理财产品、银行存款、保险产品等，就好比在前面提到的投资理财棋局中，因为后方有了“士、相”等巩固后防，“车、马、炮”就可以全力以赴去进取了。

那么，在资产配置与价值投资方面，特别是后疫情时代，我们要注意哪些要领?

一、后疫情时代，投资理财的“三不”与“三要”

尽管从长期而言，资本市场总是呈螺旋式上升的，然而，2020年年初以来受新冠疫情影响，国内外市场分别出现比较大的波动，实体经济中多数企业的经营也备受影响。市场的大幅波动不仅让普通投资者难以承受，连“股神”巴菲特也遭受了比较大的亏损。我们该从这次因全球疫情引发的、让投资者胆战心惊的资本市场“过山车”之旅中学到什么呢?

（1）投资“常胜将军”只是一个传说。

全球公认的“股神”巴菲特，在2020年一季度可谓是“损失惨重”。“股神”投入70亿~80亿美元重仓持有的美国四大航空公司（美国航空、达美航空、西南航空、联合航空）的业务因疫情影响而经营巨亏，而且他认为疫情对航空公司的影响深远，航空公司的经营前景不容乐观。于是，他选择了认亏而全面清仓。

巴菲特在疫情前对航空业的重点投资，被证明是一个“错误”的决定，他的投资可以说以失败而告终。其实“错误”与“失败”是投资理财的一部分，连公认的“股神”都不可避免，更何况作为普通投资者。

事实上，2022年以来，投资者们的心情估计都不太好，前期港股恒生指数创下了10年来的低位，在美国上市的“中概股”跌成了十足的“中丐股”，国内的A股市场也走向了低迷。在市场明显下行中，国内的许多一些曾被认为是“常胜将军”的公募、私募资产管理人的产品净值都出现较大的回撤。

（2）没有只涨不跌的投资品。

从2009年到2021年年底，美股在各种“唱衰”中一路稳定上涨，给投资者们树立了美股“永远涨”的预期。然而，2022年一季度之后的持续加息，成了压垮美股这峰骆驼的最后一根稻草，就连美股中“神一般存在”的巴菲特旗下的公司伯克希尔也未能幸免。

疫情中美股的大幅下行，以及2022年年初因美联储开始收紧流动性带来的市场显著回调，清晰地告诉我们，世上从来没有只涨不跌的投资品，也没有只跌不涨的投资市场，只有永恒的周期。

（3）投资品的具体走势不可预测。

疫情爆发这样的“黑天鹅事件”谁也无法提前预见。它的传播对全球经济和居民的健康有着重大影响，大家从物质上、心理上都是没有准备的，由此引发了市场极端现象，例如，2020年4月国际油价合约为–37美元/桶，令人瞠目结舌。

既然我们无法预见对市场影响巨大的“黑天鹅事件”，那么今后，面对各种各样对市场及投资品走势的短期预测，就不必费时间去关注了，把精力放在探讨如何有效应付市场的高度不确定性上更有价值。

后疫情时代，面对经济基本面与市场走向的高度不确定，投资者需要避免什么？我觉得要做到以下“三不”。

“一不”：不加杠杆，拒绝冒险。2015年A股的“杠杆牛市”及此后的一地鸡毛，与美股由让人羡慕的长牛发展至疫情期间出现多次令人恐惧的“熔断”，很大程度上都是“杠杆”惹的祸。

尽管“股神”巴菲特一直看好股票投资，但他在2020年疫情期间的线上股东大会上明确表示：“现在买入，也许是对的，但下周一开盘，也可能下跌，我们无法预测，要做好应对疫情的长期准备。”

对于价格在疫情期间处于历史低位的原油，巴菲特表示，原油生产未来几年会显著下降，因为需求大幅下降，20美元/桶的油价是没办法让油企经营下去的，钻井活动的数量都会下降。

实际上，投资者既不知道未来油价是不是会显著增长，也无法预测产油企业的未来。如果油价一直处于低位，将会有大量的不良能源贷款，我们将无法想象股权持有者会遭遇什么。然而，到了2022年年初，国际油价随着经济复苏及通胀高涨，奔向100美元的高位。

面对投资市场的种种“不确定性”，加杠杆投资无异于“举着火把穿过炸药库”，即使投资者全身而退，也不能改变这是一种愚蠢的行为的事实。

“二不”：不随大流，谢绝跟风。得益于美联储“降息到零，无限QE”的超级宽松货币政策，美股持续多年上涨，这让美股“永远涨”的信念在投资者心中得到强化。然而，这世界上真的有只涨不跌的市场吗？

显然不是。美股熔断也稀松平常了。

当市场持续上涨时，投资者一致看好；当市场下跌时，投资者又一致保持极度悲观的态度。这种投资者跟风随大流的现象在成熟市场常见，在国内A股市场则更为突出。

从炒作新上市的新股、次新股，到后来的消费、医药“好赛道”，再到半导体、芯片、新能源……A股市场一直演绎着各种点石成金的传奇。

暴风科技就是一个典型。

2015年3月，暴风科技正式登陆创业板，开盘价为9.43元/股，随后在“互联网+”概念的热浪下，开启连续29个“一字”涨停模式，成为A股有史以来，新股上市涨停个数持续时间最长的上市公司。到当年5月打开涨停板时，中签500股的“打新一族”获利超过10万元。

不过，在有了当时亮眼的表现后，这块曾在2015年被“点石成金”的石头，最终变成了冰冷的石头。

历史一直在重演。至于结局，真的与过往不同吗？我想有必要提醒一下，在投资中代价最大的一句话就是：这次不一样！

投资者会说：“不能错过这次牛市中的各种‘热点’机会，我一定要搏一把。”那么，请允许我提醒一下：如果对计划投资的公司没有进行深入的研究，没有很大的把握就随便参与，盈亏全凭运气，那么极大可能以失败告终。

大多数投资者都过于关注股市的短期表现，又容易跟风随大流，尤其是在市场剧烈动荡的时候。这导致他们在市场大涨时情绪亢奋，在市场低迷时情绪低落，常常得到事与愿违的投资理财结果。

我们需要明白股票的基本价值取决于公司的长期盈利能力。在市场大涨或大跌的情况下，股票看起来不过是账户报表上数字的变动，而且这些数字在极度膨胀或极度萎缩。但是隐藏在股价背后的是实体经济企业，它提供着人们每天都在购买的商品和服务。投资者要认可蕴藏于其中的价值，相信其股价最终是会回到应有水平的。

“三不”：不熟不做，坚持简单。金融市场上下翻腾，激动人心，各种“创新”产品让人“神魂颠倒”。然而，简单、便宜的工具才是财富管理的最佳利器。

请记住这几句忠告：如果我们不懂某个产品，就不要购买；如果我们没有完全理解某个策略，就不要采用；如果投资成本过高，就去寻找较便宜的其他选项，或者干脆略过。

对于股票投资，巴菲特曾多次说："指数基金是股票投资的不二之选，成本低廉的指数基金是过去35年最能帮投资者赚钱的工具。"

"股神"在自己的投资组合里，也配置了不少指数基金这种简单、便宜的投资理财工具。

所以，请牢记：在金融领域，复杂虽然可能意味着精密，但也很可能是忽悠投资者的把戏。

那么，投资者要做到的"三要"又是什么？我认为是以下3点。

"一要"：正确认识自己。几乎可以肯定，我们难以挑选到具有超常投资回报的股票，而且也不能找到能够替我们这么做的"常胜将军"。简而言之，我们难以实现一夜暴富。但是，依靠耐心和韧劲，我们可以稳健地投资理财，积累足够的财富，让自己过上舒适的生活。

因此，保持谦卑，我们只要认识到自己在投资理财专业上的不足，以及人性弱点，就能赢在投资理财的起跑线上。

"二要"：等待与忍耐。根据我的个人实践经验，说到投资与理财，我们的大部分时间其实是在等待与忍耐中度过的。

美国密歇根大学商学院教授H.Nejat Seyhun发布过一篇特别的论文，他统计了从1926年到2004年的美股回报率，得出年复合收益率可以达到10.04%，也就是如果在1926年投资1美元到美国股市，到2004年1美元将变成1 920美元。

如果剔除这累计的948个月中回报率表现最好的12个月，年复合收益率就下降到了7.01%，总收益一下子变成原来的1/10，仅为197美元。如果扩大范围，剔除回报率表现最好的48个月（5%的交易时间），投资股市的回报率比同时段投资美国国债的回报率都低，1美元仅变成了7.46美元。

可以说在美国股市中，这5%的交易时间贡献了绝大部分的收益，剩余95%的时间都是平淡无奇的。

国内市场也是如此，有心人做过统计，如果从2006年1月开始，以100元投资沪深300指数，持有至2019年年底。这14年里，100元可以变成444元，年复合回报率达到11.23%。

如果剔除这14年中涨幅最高的10天，444元就变成了216元，年复合回报率只有5.66%。如果剔除涨幅最高的30天，这100元本金甚至要亏损21元，年复合回报率为–1.65%。

实际上，热衷于猜底测顶、追逐热点，往往会错过大部分上涨而全程参与下跌。因此，要获得长期优秀的资本市场投资回报，全程参与投资，特别是在占绝大多数的平淡日子中坚持，是必要的。

我一直认同的“价值投资”的方法就是，“选”好公司，“等”合理价买，坚“守”长期持有。“选”很难，因为需要有善于识别好公司的慧眼；“等”更难，因为除了需要有过人的耐心，还需要有抵抗市场波动诱惑的意志力；“守”最难，因为除了需要有耐心、意志力，还需要有韧劲，学会忍耐。学会等待与忍耐，是投资理财成功的必修课。

“三要”：做合理的资产配置。许多投资者都知道，投资理财的正道应该是通过适当的资产配置来取得与所承担风险相匹配的合理回报，避免把所有鸡蛋都放在同一个篮子里。可惜，真正做到知行合一的投资者并不多。

过去10来年，国内房价持续上涨，对国人而言，集中投资房地产似乎是趋利避险的最佳解决方案。然而，世界上从来没有只涨不跌的投资品，假如房地产是投资品，那么它必然有上涨周期和下跌周期。至于上涨周期什么时候完结，我想从“房住不炒”这句话应该可以看出，房价上涨的趋势应该要告一段落了。

至于黄金，我认为是一个很好的与其他大类资产不完全相关的投资品，它能够实现一定的避险功能。然而如果我们把时间线拉得足够长，就会发现其实黄金并不是一个很好的投资品。因为黄金本身并不产生新的收益，过去是金本位的年代，印钞印多了，就显得黄金更保值，但目前就全世界而言，不再是一个金本位的年代，因此黄金不能完全对冲掉印钞带来的通胀风险，也不能在全球印钞机高速开动的时候让我们实现财富保值。历史事实明确告诉我们，投资黄金的回报要比投资股票的回报低很多。

为应对因疫情而引发的经济衰退，全球央行都在竞相推行宽松的货币政策，之后通胀会不可避免地如期而至。在这种情况下，我们仅有“不思进取”的防御计划而没有进取的计划是不行的，因为如果只有防御计划，当通胀真的来临时，我们储蓄的资金最后就会被通胀“吃”掉。因此，我们应利用好市场每次走低的机会，通过合理的资产配置来抵御通胀以实现财富的保值增值。

前面我们讲过，投资房地产、黄金等单一的资产难以让我们实现财富的保值增值，而将进取型的股票类资产和防守型的债券类资产结合在一起，更能让我们实现目标。对于普通投资者而言，直接参与股票投资是一个艰难的选择，因为随着“注册制”的稳步推进，上市公司供应加快，退市也会常态化，在众多的上市公司中“选到好公司，等到合理价买，并坚守长期持有”的难度太大了。所以，我建议大多数投资者退而求其次做出如下选择。

如果大家认同“看好中国经济的未来”这个观点，那么，对于国内普通投资者而言，以沪深300加中证500这样一个简单的指数基金的组合来参与股票投资就好了。

除此之外，大家还可以选MSCI中国A指数。该指数采用“优选龙头、均衡配置”的编制理念，尽可能地覆盖代表中国新经济力量的各行业龙头，在包括关键行业板块的领先股票的同时做到了行业配置相对均衡，其金融权重降低，反映新经济、新产业方向的权重提高，在一定程度上契合了A股市场机构化和国际化的两大发展趋势，其对应的指数基金是投资者一键买入中国优质资产的有效工具。

二、资产配置的再平衡让投资理财更平稳

投资的目标是低买高卖，但要想真正实现，须从我们的资产配置开始。我们应该为基本的股票和债券组合设置目标百分比。此外，如果我们计划将另类投资和现金投资也纳入投资组合中，那么应该为这类投资设置配比。例如，我们的目标配置有可能是55%的股票、35%的债券、5%的另类投资和5%的现金投资。每隔一段时间，我们应该查看一下投资组合中各投资的占比情况。

如果现有的股票投资配比超过了原计划的55%，当股票价值在市场反弹的驱动下增加时，我们就应该出售一些股票，让股票投资配比回到与目标设定值一致的水平。相反，在市场下滑期间，我们会发现自己的股票比原计划的少了一些，在这种情况下我们应该从投资组合的其他投资中转移出一些资金给股票，以使股票投资配比回升至55%。

这种不定期调整投资组合的过程被称为再平衡。我们应该至少每年进行一次再平衡，如果一次大的市场波动让我们的投资组合配比严重失衡，那么再平衡的频率也许还应提高。这个再平衡的过程其实会迫使我们低买高卖。在此过程中，由于将股票投资配比保持在一个既让我们感觉舒适又适合我们的投资期的水平，我们便能控制所应承担的风险。

如果不希望花时间与精力去做投资组合的再平衡，那么我们可以持有生命周期退休基金，也可以持有FOF（基金中的基金）。

我们在持有这些基金时，基金管理人会根据市场的变化调整不同资产类别的占比，替我们进行再平衡工作。

如果我们能克服贪婪与恐惧，驾驭好国内的股票投资，有足够的耐心，进行合理的资产配置来实现投资组合的稳定性，建立起正确的财富观，就能实现精神上的满足、物质上的富裕，实现“慢慢变富”。

第八章

坚持价值投资以实现稳稳的幸福

在投资理财中，股票如同象棋中的车一样重要。前面章节分析过，从长期而言，在所有的资产类别中，长期回报率最高的就是股票类资产。因此，实现财富自由少不了股票投资这一个重要的跳台。股票这一进取型工具可以帮助投资者取得长期、合理的高回报，实现财富自由。然而，我在第六章也为读者展示了股票的难以捉摸。投资者该如何驾驭股票投资从而实现稳稳的幸福呢？

一、股市投资穿越牛熊

股票市场的特征就是有波动性与周期性，牛市与熊市总是交替出现，为投资者带来无尽的喜与悲。

2020年第二季度以后，国内股市持续上涨，创业板涨幅领先全球，主板也逐步跟上。投资者普遍认为牛市又来了。那么牛市来了，投资者就可以挣大钱吗？不！结果往往恰恰相反。

我们看看历史上的牛人是如何在牛市中栽跟头的。牛市，意味着市场各种概念机会层出不穷，也意味着多数品种的价格会被高估，更意味着越来越多的投资者跃跃欲试参与热点炒作。但投资者若以博弈的心态参与热点炒作，在股票二级市场是难有胜算的。物理学家牛顿就吃过大亏（见图17）。

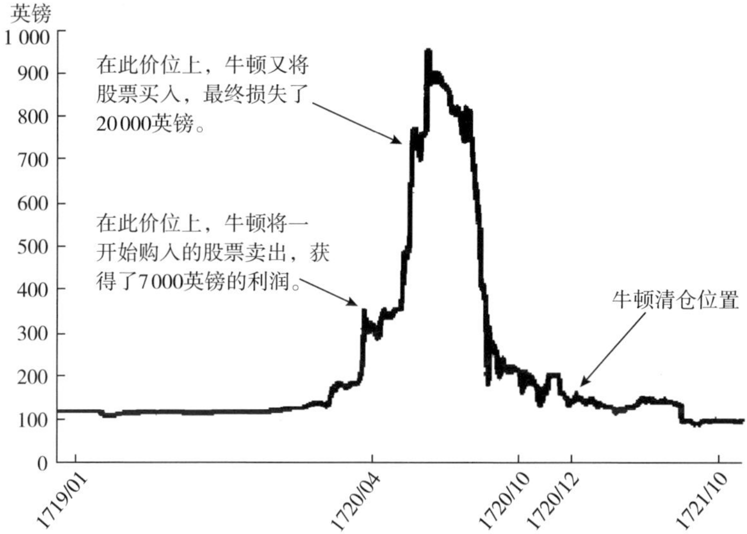

图17 物理学家牛顿投资“南海股票”示例

“南海泡沫”发生于17世纪末到18世纪初。长期的经济繁荣使得英国私人资本不断集聚，社会储蓄不断膨胀，投资机会却不多，大量暂时闲置的资金迫切寻找出路，而当时股票的发行量极少，拥有股票是一种特权。在这种情形下，一家名为“南海”的股份有限公司（简称南海公司）于1711年在英国宣告成立。

南海公司成立之初，是为了支持英国政府债信的恢复（当时英国为与法国争夺欧洲霸主发行了巨额国债），认购了总价值近1 000万英镑的政府债券。作为回报，英国政府对该公司经营的酒、醋、烟草等商品实行了永久性退税政策，并给予其对南海（即南美洲）的贸易垄断权。当时，人人都知道秘鲁和墨西哥的地下埋藏着巨大的金银矿藏，只要能把英格兰的加工商送上海岸，数以万计的“金砖银块”就会源源不断地运回英国。

1719年，英国政府允许中央债券与南海公司的股票进行转换。同年年底，南美贸易障碍扫除，加上公众对股价上扬的预期，促进了中央债券向股票的转换，进而带动了股价上升。1720年，南海公司承诺接收全部中央债券，作为交易条件，英国政府要逐年向南海公司偿债，南海公司允许客户以分期付款的方式（第一年只需支付10%的价款）来购买公司的新股票。1720年2月2日，英国下议院接受了南海公司的交易，南海公司的股票价格立即从每股129英镑跳升到每股160英镑；当英国上议院也通过议案时，股票价格上涨到了每股390英镑。

投资者趋之若鹜，其中包括半数以上的参众议员，就连国王也禁不住诱惑，认购了价值10万英镑的股票。由于购买踊跃，股票供不应求，南海公司的股票价格狂飙，从1月每股128英镑上涨到7月每股1 000英镑以上，6个月涨幅高达700%。

在南海公司股票示范效应的带动下，英国所有股份公司的股票都成了投机对象。社会各界人士，包括军人和家庭妇女，甚至物理学家牛顿都卷入了旋涡。人们丧失了理智，完全不在乎这些公司的经营范围、经营状况和发展前景，只相信发起人说的公司能获取巨大利润，唯恐错过大捞一把的机会。一时间，股票价格暴涨，平均涨幅超过5倍。

1720年6月，为了制止各类“泡沫公司”的膨胀，英国国会通过了《泡沫法案》。自此，许多公司被解散，公众开始清醒过来，对一些公司的怀疑逐渐扩展到南海公司身上。7月，外国投资者开始抛售南海公司的股票，英国国内投资者纷纷跟进，南海公司的股票价格很快一落千丈，9月跌至每股175英镑，12月跌到每股124英镑。“南海泡沫”由此破灭。

1720年年底，英国政府对南海公司的资产进行清理，发现其实际资本已所剩无几，那些高价买进南海公司股票的投资者遭受了巨大损失。此后较长一段时间，投资者对新兴股份公司闻之色变，对股票交易也心存疑虑。

牛顿在投资南海公司的股票失败后，曾经感叹：自己能计算出天体运行的规律，却无法预测投资者非理性的疯狂程度。

大部分在股市投资的投资者期待股票价格持续上涨以获取差价。当以取得差价为目的参与投资时，投资者自然就非常关注股票的每日走势，因为价格上涨，意味着赚钱了，反之，则意味着亏钱了。牛市来了，虽然意味着赚钱的机会多了，但也意味着亏钱的机会多了。

2020年以后，A股的“概念与题材”不断，先是与全民抗疫相关的抗生素、疫苗、口罩生产商、快递公司等股价大涨，与抗疫不相关的光伏、新能源、芯片、科技等也轮番“表演”，后来就轮到大众消费、普通医疗，再转到证券、银行、保险。这也是国内股市典型的牛市特征。趋势投资者们追涨杀跌，忙碌异常，甚者开始融资加杠杆，2020年7月初，高峰时场内日融资余额突破了1.2亿元，创5年来的新高。

但估值已经不低的全球市场能一直涨下去吗？常识告诉我们，不能！

2022年年初以来，以美联储为首的各国央行因面对居高不下的通胀而不得不调整推行多年的货币政策，转而连续加息以抑制通胀。全球股市随之大幅回调，A股市场当然也没能独善其身。

从乐观的角度看，泡沫的出现不是第一次了，泡沫的破灭也不是第一次了，当然，也不会是最后一次。

资本经济（市场经济）的周期特征就是经历危机、萧条、复苏、高涨、低迷这样的循环，在一轮轮的周期中呈螺旋式上升。

例如，2001年纳斯达克高科技泡沫破灭，不是照样开创了改变人类生活方式的互联网时代？ 2007年的A股大泡沫在2008年破灭时，神舟系列照样上太空，体育健儿们照样奥运夺金……从长期而言，股市下跌没什么可担心的。

不过，即使是牛市盛宴终究也是不能长久持续的。以趋势投资的方式追逐各种热点的风险很大，而且平时天天盯盘，要抄底逃顶，在正常情况下根本难以做到。

在一轮牛市中，比较有效的“趋势投资”方式其实是以指数基金的投资方式跟着市场走。对于能承担一定风险的投资者而言，坚定持有沪深300、中证500等核心指数是跟随市场来长期分享我国经济增长成就而实现财富保值增值的有效途径。

坚定持有主流指数基金虽是一种“笨办法”，但在牛市中采用这种办法能跑赢绝大多数投资者。

从2009年至2019年这10年美股牛市中，由“股神”巴菲特亲自管理的伯克希尔的股价表现不及同期标普500指数。具体而言，这10年标普500指数ETF的复合年增长率为13.5%，而伯克希尔的复合年增长率为9.7%。如果投资者在2009年年初投资标普500指数基金1万美元，10年后市值将增至42 415美元，相比之下，伯克希尔的市值仅增至28 871美元。

“价值投资”则是另外一种“笨办法”，那就是与一篮子“好公司”共成长。我所理解的价值投资的精髓在于，“选”好公司，“等”合理价买，坚“守”长期持有，通过与“好公司”共成长的方式以获取长期好回报。

从长期而言，投资品种给投资者带来的回报率约等于公司本身价值的增长率，而一篮子“好公司”的价值增长的速度会快于市场平均水平。

而且，坚持价值投资根本不需要做到难度超高的抄底逃顶。

还是以我在上一轮牛市中的真实投资经历来说明一下吧。2015年6月股市“异常波动”前，我感觉市场的疯狂一定不会持续，于是卖出了手头大部分的股票，其中有招商银行的股票，卖出价格约为每股20元，平安保险的股票卖出价约为每股80元（10送10除权后相当于40元），可以说是成功“逃顶”而值得庆贺了。但事实上，上证指数在2015年是5 100点，到2020年是3 000多点，创业板指数跌幅则更大，而招商银行、平安保险的股价在2020年

7月初分别是每股36元与每股78元，较逃顶时价格近乎翻倍，且5年间还加上了每年可观的现金分红……我最后反而要被迫以更高价买回，所谓的“逃顶”变得没有任何意义。反之，2015年当股市发生“异常波动”时，因为估值便宜而实在不忍卖出的名牌白酒，到2020年年中价格已经涨了10多倍。

显然，投资者如“选”取一个好公司组合，“等”到合理价买入，并长期坚“守”，就可以通过这些公司经营的稳步增长而获得很好的回报，从而安稳地穿越市场的牛熊周期。至于“牛市是否真的来了”“牛市能持续多久”等问题，都不是真正的价值投资者需要担心的。

具体如何安稳地穿越市场的牛熊周期呢？

我们试以“股市三部曲”加以阐述。

当股票市场极度低迷时，恰恰是投资布局的最佳时机。我曾经在2018年年底市场处于近年最低位时为FT中文网撰写了题为《如果牛市永远不来，我们该如何？》的文章，原文如下供大家参考。

如果牛市永远不来，我们该如何？

投资是一项“逆人性”的事业，当市场高涨时，投资者参与意愿强烈，例如，在2015年上半年A股泡沫膨胀时，大家争相跑步入场，两市日成交量超过2万亿手，但最后参与者的命运我们都知道是非常坎坷的。又如，2018年10月，市场低迷，成交量只有2 000亿手左右，股价普遍遭到腰斩。

熟悉我的朋友都知道，我在2015年6月初写过一篇文章《如果泡沫破灭怎么办？》，明确警示A股的泡沫及破灭的风险，力劝正在泡沫中“畅游”的投资者见好就收。后来，股市泡沫果然破灭了。2016—2017年，我因以《勇于不参与！》等多篇原创文章建议投资者不要参与价格充满泡沫的A股，被人戏称“泡沫先生”。

到2018年10月，经过3年多的挤泡沫，随着A股总体估值水平的持续下降，我对A股的投资价值的看法发生了根本改变。

当被问及是否值得投资的时候，我认为可以逐步买入，那么一般人可以选什么标的？一个选择是沪深300指数加中证500指数，一方面这两个都是具备优胜劣汰的替换机制的指数，另一方面这两个指数覆盖了国内主要的行业，代表中国经济的主流。另一个选择是MSCI中国A指数。这两个选择都是很有效的参与方式。

低买高卖的原则人人都懂，而做到知行合一很难。与几年前相比，现在股市是高还是低？投资者现在是买还是卖？答案是明摆着的。然而，当前真正愿意参与买入的人少之又少。

“股神”巴菲特的投资秘诀很简单：多数人贪婪时自己恐惧，多数人恐惧时自己贪婪。现在大家都普遍恐惧，我们应如何做，不是显而易见吗？为何不敢做呢？

大家找到了许多理由，如国内经济增长持续放缓、中美贸易摩擦难以解决、债务困境与去杠杆预期继续、房地产泡沫无以为继等，似乎看不到一点光明。

实际情况真的如此悲观吗？不然！来过中国的外国人普遍都认为中国的城市面貌、基本设施、生活水平有了翻天覆地的变化，尤其是公路、高铁、机场等基础设施已经是世界一流，城市里高楼大厦林立，各种“硬件”确实厉害！说我们处于一个“伟大的时代”是不为过的。当然，顺便提一句，尽管我们自己知道，各种“软件”有待于进一步提升。外国人普遍看好我们，我们自己更没有妄自菲薄的理由。

2018年7月，我在美国与来自全球各地的投资界专业人士有过几天的交流，得到的信息是，无论是精于逻辑推理的常春藤名校顶尖学者，还是长于模型计算的美国基金经理，或者是手握重金的中东国家主权基金投资决策人士，都无一长期“看空”中国，更无一认同中国崩溃论。他们只是认为国内资产价格偏高，且政策的干预不可预期，因此在对中国资产的配置上持谨慎态度。

其实，只要政策预期明确，中国有全世界最勤劳的国民，有全球最大的单一消费市场，则经济发展潜力巨大。中国经济遇到问题，不是第一次了，但每次都在解决问题的过程中前进一大步。记得1997—1998年，面对的困难比当前大得多，而手中拥有的资源与工具也有限，当时政府强势推出落后国企产能出清、经济结构做外向型调整、住房制度改革、加入WTO等一系列有效的改革开放举措，结果经济迎来了10年高速增长，人们的生活水平有了跨越式的提升。

经济规律告诉我们，在市场经济环境下，没有永久的繁荣，也没有永远的衰退，只有永恒的周期轮回。我们没有理由相信国内经济增速会一直下行，也不会相信A股会一直低迷下去。

我们再看看其他经济体的周期及相应资产表现吧。

（1）希腊曾经是欧盟甩不掉的包袱。2009年，欧洲债务危机由希腊引爆，当时希腊国内债台高筑、人口老化、生产力低下，丧失了在国际市场举债的信用……大家都认为希腊除退出欧元区外无解。而希腊不得不接受苛刻的紧缩条件以换取国际货币基金组织（IMF）、欧洲央行、欧盟成员国的共同资助及私人债权人的救助，并实行资本管制。

经过9年的内部紧缩与外部帮助，IMF发布的数据结果表明希腊经济明显复苏，2017年希腊债务占比为178.6%，同比下降约2%，2018年继续降至172.5%；希腊财政也已连续3年盈余，经济增长势头或将继续强化这种趋势。2017年希腊GDP增长率为1.8%，2018年上半年希腊成了欧元区经济增长最快的成员国之一，经济景气指数创4年来的新高。经济合作与发展组织（OECD）曾预计，这两年希腊经济将分别增长2%和2.3%。据此，国际评级机构惠誉将希腊主权信用评级由“B−”上调至“B”，展望为“正面”；国际评级机构标普也将希腊评级从“B−”调升至“B+”，展望为“稳定”。希腊也因房价明显回升而成为中国人热门投资目的地之一。希腊雅典ASE指数也从2016年的低点回升，涨幅超过50%。

于是希腊重返国际金融市场发债融资，这也标志着源自2009年12月的欧洲债务危机结束了，欧盟为应对危机而采取的长期货币宽松政策也逐步终结。

（2）日本经济复苏曾经被认为是“不可能完成的任务”。事实上，日本经济从20世纪90年代初资产泡沫破裂后一直处于萎靡不振的状态，近二十年没有出现过实质性的回升。从“失去的十年”到“失去的二十年”，大家预期的“失去的三十年”很快成为现实，人口老龄化、出生率下降更是成为专家们认为日本经济必然走向沉沦的关键依据。

然而，情况悄悄出现了变化。从数据上看，从2012年起，日本经济就一直保持温和增长的态势。根据公开数据，2017年，日本GDP增长率为1.7%，连续5年实现了正增长，而2018年日本全年GDP的增长率预期达到1.8%。作为人口老龄化且劳动力总数减少的“迟暮”发达国家，有这样的经济增速确实是佳绩了。

作为经济晴雨表的日本股市，日经225指数在2017年上升了21%，其表现在全球范围内都算亮眼，2018年第三季度末，日经225指数更是进一步创下27年以来的新高，离“失去的二十年”起始的巅峰状态已经不远。

只要给予时间，连希腊、日本这样的“无望”经济体都能走出低谷，我们真没必要担心国内经济会一蹶不振。

事实上，即使经济增速下行，我们依然是世界上增速最快的经济体，比欧、美、日等全球主要经济体的增速快一倍多，只要中国市场开放，不难吸引全球各地的资本。回到A股的讨论上，2018年以来“股权质押”的连续爆仓造成市场持续低迷，这其实就是在为2015年股市泡沫盛宴买单。从乐观的角度看，泡沫的破灭让A股的总体估值水平回到了几年来难得的低水平，好的投资机会在投资者的一片悲观中酝酿。实际上，便宜下来的A股确实吸引了不少外资进场“抄底”。

2018年8月6日，外管局公布了2018年第二季度及上半年我国国际收支平衡表。其中，第二季度数据显示：

直接投资净流入248亿美元，双向保持在较高规模。其中，对外直接投资净流出279亿美元，外国来华直接投资净流入527亿美元。

证券投资净流入610亿美元，创季度历史新高。其中，对外证券投资净流出43亿美元，来华证券投资净流入652亿美元。

当然，具体而准确的市场底部从来没有人能准确预知，但根据总体估值处于历史低位，以及物极必反的原理来判断，A股离底部不远了。

大家可能担心债务违约升级、房地产泡沫破灭会让股市进一步大跌。其实，股市是宏观经济的领先指标，目前市场的低迷状态已经是对债务违约、房地产泡沫困局的影射了。巴菲特说过一句名言："当看到知更鸟的时候，春天就已经过去了。"在上一轮全球金融危机中，美国股市于2009年3月见底回升，美国楼市在2011年下半年才跌至底部，美国实体经济更是直到近几年才有了明显复苏。

从投资角度来看，出现"危机"也就等同于出现机会。当市场极度悲观，已经无人敢轻言底在何方的时候，底也许就在脚下。

如果还是不放心，担心牛市不会来，我们就一起找一些投资标的——即使牛市一直长期不来，也能让我们立于不败之地的品种。这些穿越牛熊的品种去哪里找呢？

我们借鉴一下日本市场的经验吧。我找出了当今日经指数中50家上市公司，它们显然是经历“失去的二十年”后依然活下来的强者。这些长期穿越熊市的公司不是电信、高铁、银行、保险等国计民生产业中的佼佼者，就是日本具有全球核心竞争力的高端制造业的丰田、本田、日产、三菱、佳能，还有日用消费品中的花王、TOTO等这些我们耳熟能详的品牌，以及小野制药、大塚制药、武田药品等医疗保健公司。

那么，在A股中，以国计民生、核心竞争力、消费刚需、医疗保健等为标准选取穿越牛熊的投资品种是否也同样适用？

事实上，在A股中我们是可以找到一些好公司的，即使市场总体表现非常低迷，也能通过好公司经营的稳步增长来让自己得到很好的回报。以合理的估值买入并长期持有这些好公司的股票，哪怕牛市不再来，投资回报也会非常不俗。

那么，在A股中有哪些行业更容易产生好公司？我认为大众消费、医疗保健、金融服务等行业都是产生好公司的温床，其中前两者面向14亿多人口的大消费市场，而第三者还有牌照管制的“护城河”。我依然特别看好名牌国酒、传统国药，因为我们在这些领域具有全球核心竞争力；金融服务业关系到国计民生，它们中的优等生极有可能成为保证投资者穿越牛熊而立于不败之地的好公司。

那么哪些公司是上述这些行业中的优等生呢？价格是多少合理？简单的判断标准是有较高的且持续稳定的ROE（净资产收益率）及股息分红收益率。至于具体如何深入分析，对一般投资者而言，那就要请可以信赖的专业人士帮忙了。

总而言之，以长期投资为目的，选取通过以上分析得出的可以穿越牛熊的好公司并以合理价格来参与，即使牛市永不再来也会有很好的回报；当然，牛市就像日出一样，必然会再来，投资者或许还会在短期内收到惊喜。

现在回过头看，2018年最后一个季度确实是股票类资产布局的极佳时机。2019年年初，新一轮的牛市也悄然起步了。

到了2022年年底，A股的低迷状态也与2018年年底时类似，我认为，极佳的投资机会又一次来临，投资者应该好好把握。

国内股市熊长牛短是不争之实，熊市占据了大部分交易时间。我在2018年12月底为FT中文网写年度报告时，强调过“不要浪费这一轮难得的熊市”。原文如下，供参考。

不要浪费这一轮难得的熊市

为何说这一轮熊市非常难得？难得到不能浪费呢？

请看公开数据，至2018年10月底，代表大型上市公司主流的沪深300指数的动态市盈率（TTM）中位数为17倍，代表中小型上市公司的中证500指数的动态市盈率（TTM）中位数为19倍，均处于历史最低区域。值得一提的是，连从2009年诞生起就一贯处于高估状态的、代表A股高投机主流的创业板指数的平均市盈率也回到了难得的30倍的可投资水平。总而言之，当时A股的总体估值水平已经是历史上各次熊市低点（1995年、2005年、

2012年，再加上这次）中的最低，可以说泡沫基本被挤掉，而且结构变得更为合理：具备持续稳定的业绩成长性、持续较高的盈利能力、良好的经营性现金流、稳健的财务状况和战略等基本特征的经营能力优秀的上市公司，股价表现稳定；而高杠杆、高负债、业绩差的公司，股价持续闪崩。这是历史上少见的、符合投资逻辑的比价结构（见图18和图19）。

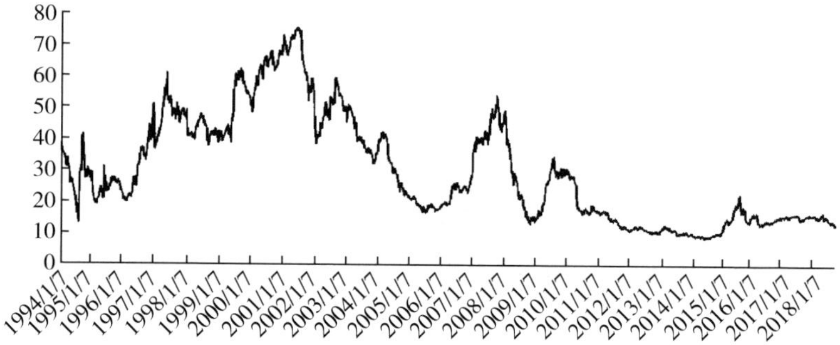

图18 上证综合指数历史估值水平（2018年10月数据）

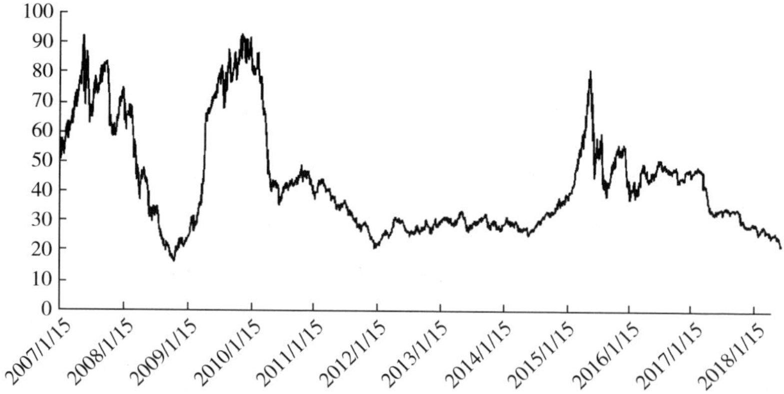

图19 中证500指数历史估值水平（2018年10月数据）

尽管这一轮熊市对各方而言代价高昂，然而，对各方来说都是很好的机遇。如何才能充分利用好这一次难得的机遇呢？

前提就是，各方必须进行理性的反思，共同认识到2015年股市“异常波动”的根源就是高估值、泡沫化的低收益资产加上高杠杆，而不是所谓的“敌对势力恶意做空”，更不是“股指期货”这样一个中性的金融工具“作恶”。

为何过去几年出现股市全面泡沫化的窘境？这是基于2008—2018年货币超发、债务膨胀而产生的、诺贝尔经济学奖得主罗伯特·希勒教授所描绘的“非理性繁荣”。那么楼市和股市哪个泡沫更大呢？事实上，楼市与股市泡沫一样大且泡沫一定是以破灭而告终的，古今中外无一例外。

“非理性繁荣”的终结并不是坏事，因为它是不可持续的。那么，市场的各参与方应该如何做才能一起打造下一次可持续的“理性繁荣”？

1.对投资者而言，遇上了危机也就是遇上了机遇。

在熊市时投资安全，还是在牛市时投资安全？尽管大家感觉一定是在牛市时投资“爽”，但从长期投资角度来看，在熊市时选择参与更容易获利。

其实，投资理财本无高深莫测的秘诀，只有一些易懂的常识与原则。

其中，最重要的原则就是人人都懂的“低买高卖”。好了，请问股票在熊市时估值高，还是在牛市时估值高？显然股票在熊市时便宜！那么，为何投资者在牛市时抢着买股票，而认为在熊市时避之则吉?

价值投资的核心是以显著低于内在价值的价格买入并持有股票。通常而言，只有在熊市时，市场才会出现大量估值极具吸引力的股票，为投资者创造难得的投资机会。当前市场总体估值水平已处于历史低位，市场也确实涌现出一批价格显著低于内在价值的股票。因此，投资者现在要做的不是怨天尤人，也不是落荒而逃，而是把握好A股处于相对低位、可以让自己从容挑选好公司以便宜价买入的投资时机。如果不知道选哪些公司，则以指数基金（如代表国内上市公司主流的沪深300加中证500、MSCI中国A指数）的形式参与并做长期打算。

在持续熊市中，股票价值即使已被严重低估，仍可能继续下跌，并持续相当长的时间。因此，投资者即使买入很有价值的股票，仍可能面临股价下跌、长时间被套的风险，但如能长期坚持下来，回报一定不俗。

“如果不能承受股价下跌50%，我们就不适合做股票投资。”这是巴菲特的一句广为流传的名言。巴菲特的这句名言并非泛泛而谈，而是其切身经历。在过去历次的熊市中，巴菲特所投资的股票也经历过大跌，然而，最终他还是能以优秀的投资回报证明自己是当之无愧的“股神”。

与所有的投资品一样，优秀公司的股票价格存在明显的“钟摆效应”，短期内会涨过头，也会跌过头。事实上，这些股票的价格遭腰斩不是第一次，很可能也不是最后一次，每一次坚持下来的投资者最终获得的回报都不俗。不能忍受股票价格下跌50%

的投资者，同样也很难等到100%的回报。

2.对监管者而言，低迷的市况是推进改革的好时机。

当股市低迷时，推行改革的阻力与代价都是最小的，监管者应把握时机，实行实质上的注册制，严格执行退市制度，配合严惩财务数据造假与市场操纵，让A股具备优胜劣汰的机能，提升A股的投资价值，以改变投资者大多亏损的困境。记得2005年，股市低迷不堪，监管者以“开弓没有回头箭”的勇气推动“股权分置改革”，结果迎来了史上最波澜壮阔的一轮大牛市。

我们也应该欣喜地看到，2018年证监会按照国务院金融稳定发展委员会的统一部署，围绕资本市场改革，加快推动以下3方面工作，回应市场关切。

一是提升上市公司质量。加强上市公司治理，规范信息披露和提高透明度，创造条件鼓励上市公司开展回购和并购重组。

二是优化交易监管。减少交易阻力，增强市场流动性。减少对交易环节的不必要干预，让市场对监管有明确预期，让投资者有公平交易的机会。

三是鼓励价值投资。发挥保险、社保、各类证券投资基金和资管产品等机构投资者的作用，引导更多增量中长期资金进入市场。

2018年，科创板宣告设立，并试点注册制，代表监管者积极往正确的方向推进改革，我们有理由相信长期扭曲的市场机制将会被逐步理顺，熊长牛短的宿命会被改变。

3. 对上市公司而言，资产价格便宜正是并购与壮大的好机会。

牛市中，大家抢着买贵价资产。但往往买的不如卖的精，泡沫期天价买回的资产最终难逃折价甩卖的命运。

熊市中，好公司、好资产往往被市场情绪“错杀”而成为价值洼地。出现价值洼地正是我们的投资良机。

市场仍然有它的有效性，那些能够持续创造价值的上市公司，还是能够给投资者创造好的长期回报的。股市对价值的发现功能并没有全面失灵。

现在2 500点的股市与2015年的5 000点相比，哪个更健康？理性的答案肯定是现在的2 500点，因为泡沫基本被挤出、杠杆被降低，将来上升的空间也更大。就好比一个虚胖的小伙子经过努力终于减肥成功了，加以锻炼就能有很好的体魄来进行长跑了。

股市是宏观经济的领先指标，股市的回升是领先于经济周期的。

果不其然，2018年12月31日，A股到达了历史性的底部，从2019年1月起一直处于一轮长期牛市之中。

到了2020年，投资者因股市持续上涨而普遍变得乐观。我又为FT中文网撰写了题为《要珍惜来之不易的牛市》的文章，原文如下，供参考。

要珍惜来之不易的牛市

久违了的牛市终于来了，在“熊长牛短”的A股中牛市难得出现，我就以《要珍惜来之不易的牛市》为题，给各方提供一些参考建议吧。

1.对上市公司的经营者而言，要勇于抵制市场暴利诱惑，潜心经营好企业。

牛市终于来了，得益于二级市场一亿多个散户，再加上国内股市多有炒概念、炒题材、炒小盘等习惯，一时间各种概念股横空出世，价格转眼间也翻倍。前期陷入“股权质押爆仓”“商誉减记爆雷”等窘境的经营者们也因股价大涨而“扬眉吐气”，一时间，减持公告雪片般飞出，合演了一出“胜利大逃亡”。

为充分利用泡沫实现财富最大化，部分企业家们以“市值管理”为主要目的通过股权质押融资进行盲目扩张、跨界并购，急功近利，买回来一大堆贵价“不良资产”。一旦潮水退去，买回来的资产就变得不值钱，但欠下的债务依然要还，质押的股份贬值又被迫追加保证金，转眼间他们就从“亿万富翁”变成了“亿万负翁”。如果不是高层协调金融机构支持，组织“纾困基金”解救，发起一场牛市、动员各方力量来成功托市的话，许多经营者就要因“爆仓”而彻底失去自己艰辛创造的企业了。

现在，市场转眼变得火热，但因非理性扩张而导致的一片狼藉我们仍记忆犹新，已经翻过车的覆辙，建议就不要重蹈了。在自己专长的领域好好经营企业，这才是长期既为股东创造价值，也为经营者创造价值的利国利民的正道。

2.对监管者而言，要敢于推动发行与退市制度变革，建立有效的优胜劣汰市场机制。

优胜劣汰机制是股市长期“走牛”的基础。我们长期实行IPO（首次公开募股）审核制，新股的发行量、定价、时间等基本要素均由监管者决定，IPO审核制让股票一上市就被高估；而退市制度却难以长期有效运行。因此，A股市场中大部分股票的价格在大多数时间内都处于远超其公允价值的位置，估值贵了就只能以价格长期反复下行来回归其应有价值，造就了“熊长牛短”“散户被割韭菜”的奇特现象。

在被问到如何看待股市近期大涨时，证监会主席的回答也非常睿智——股市上涨是市场行为，不好评论。

所以，监管者应“完善规则、明确预期、从严监管、严格执法”。证监会主席在积极推动以“IPO注册制”为亮点的“科创板”的同时，明确表态要“保持新股发行常态化，完善退市机制”。

建议在牛市初期就严格执法打击财务造假与市场操纵，同时完善做空机制，以抑制过度投机行为，在短短一个月的“大牛市”中，传统活跃板块涨势凶猛，大有让2015年“疯牛”重来的态势。而历史经验告诉我们，每一轮“疯牛”过后都是一地鸡毛。如何把“疯牛”关在笼子里防患于未然，则非常考验监管者的智慧。

3. 对二级市场投资者而言，应在把握牛市机会“敢于获利”的同时，走上投资的正道。

为何强调“敢于获利”？难道还有谁笨到连获利都不敢吗？

有不少投资者全程参与了上证指数从2015年5 100点到2018年年底2 400余点的下跌，更有许多投资者经历了从2008年以来10多年股市反复低迷的折磨，他们的损失不可谓不巨。这不算是试错么？试错后终于换来了当今的机会，这就需要有“敢于获利”的精神来好好把握了。

为何要强调“敢于获利”？因为许多投资者在机会真正来了的时候，基于早已形成对股市的“熊思维”模式，思想上、行动上并不“敢于获利”。何为“敢于获利”？就是“选”好公司（盈利能力强、具备合理成长性、有品牌优势、内部治理稳定），“等”合理价（股价低于或等于应有价值）买，坚“守”长期持有（只要价格依然合理就长期持有）。

否则，以过去传统的习惯，投资者遇上难得的牛市表现得非常犹豫，也非常警觉，每日忙进忙出、追涨杀跌，却不敢长期坚守而获大利、厚利，在下跌周期全程参与，到了上涨周期只是参与其中“几小段”获利。打个比方，就是在一场牛市的盛宴中进进出出吃了几小口菜，却最终要为整个盛宴分担天价账单，显然不值。

当然，“敢于获利”决不等于“鲁莽冲锋”。近期，投资者不问业绩，不管质地，专门找热点跟随，基本上呈现出“研究基本面，输在起跑线”的搏杀状态。在牛市氛围中，A股的传统活跃板块出现了以下现象：

深知公司价值的大股东，在2019年开年之初就开启了减持模式。Wind数据显示，截至2019年3月5日，A股有778家上市公司发布了1330份减持计划。值得留意的是，其中有61家公司发布的减持计划涉及“清仓式减持”，即股东拟最多出售所有直接持股。

对公司基本一无所知的散户，几周以来却一直砸锅卖铁买股票。根据公开的数据，在股市持续上涨的2019年2月最后一周新增投资者数量达到了31.61万人，比前一周多出了10万人，环比上涨53%。

问题来了：大股东与散户，谁更聪明？答案不言而喻。

一方面，科创板实行IPO注册制，证监会主席强调保持新股发行常态化并完善退市机制，目标很明确，就是要逐步建立起优胜劣汰的市场机制。而建立优胜劣汰市场的机制，受打击的恰好是一直以来受国内投资者热捧而成为市场热点的股票。这些为多数国内投资者所熟悉与青睐的投资标的将来恰恰是被淘汰的对象。

另一方面，2019年国际指数公司MSCI宣布，决定将A股大盘股纳入因子由5%提高至20%，于5月、8月和11月逐步提升；5月以10%纳入因子加入创业板大盘股；11月以20%纳入因子加入中盘A股（含符合条件的创业板股票）。

外资参与比例提升有利于改善A股的土壤。未来一定是估值合理的绩优公司享受溢价，而高估值低业绩的小公司继续折价，而不是现在低业绩的小公司享受高溢价。

这样一来，A股的市场土壤今后一定会发生改变，投资者如再以过去的方法来“种庄稼”是会颗粒无收的。

因此，“选好公司”“等合理价买”“坚守长期持有”的价值投资原则才是让投资者立于不败之地，获得长期丰厚回报的投资正道。

不过，“选好公司”需要有极强财务分析的慧眼，“等合理价买”要求有不为价格大起大落所动的耐心，“坚守长期持有”必须具备能坚守信念而“一意孤行”的韧劲。

如果普通投资者不具备上述“慧眼”、“耐心”及“韧劲”，怎么办？那就老老实实地持有沪深300加中证500指数基金的组合吧。这两个指数的成分公司共800家，代表了上市公司及我国经济的主流。目前，从市场总体估值的角度看，沪深300指数对应的平均市盈率处于历史中位数以下，尽管市场已经连续上涨了一段，但总体还是位于相对低位。以指数基金组合投资的形式“做多”我国经济是非常合适的。

大牛市来了，在市场上涨的周期中，根据以往经验，没有多少专业投资者能跑赢主流指数，这次也一定不例外。其实，指数投资法是从国外成熟市场引进的“舶来品”。相关数据显示，2008年至2013年年底，标普500指数上涨了128%，而巴菲特所掌舵的伯克希尔在同期内的回报率仅为80%多。这意味着，巴菲特的投资在美国“10年牛市”的前5年的净值增长率远跟不上大盘。

既然绝大多数资深投资者，甚至公认的“股神”都难以在牛市之中跑赢基准指数，那么作为普通投资者更应该听从巴菲特的忠告：通过指数基金参与，是绝大数投资者有效地分享股市上涨而带来盈利的不二之法！

总而言之，A股牛市不易，各方且行且珍惜。

以上“股市三部曲”是我在2018年年末至2019年年初A股牛熊转换期间写的3篇文章，总结了投资者参与股市的基本原则——“选”好公司、“等”合理价买、坚“守”长期持有。熊市对投资者而言是难得的机会，当市场低迷时进场，好公司都打折卖，以合理价买到好的资产，并长期坚守就可以了。

二、稳步迈向财富自由

许多读者都觉得自己还不太富裕，离富足的生活有比较大的距离。其实只要一步一个脚印地走，实现财富自由其实是大有希望的。

投资界泰斗级人物巴菲特，1965年拥有的1 000万美元，到2010年就变成了440亿美元，平均年化回报率为19.4%。

从图20可知，巴菲特拥有的99%以上的财富是在50岁以后获得的。

假设我们也复制一下他的成功，以当前10万元本金起步，实现长期合理回报，到退休前就可以拥有千万元的财富了。

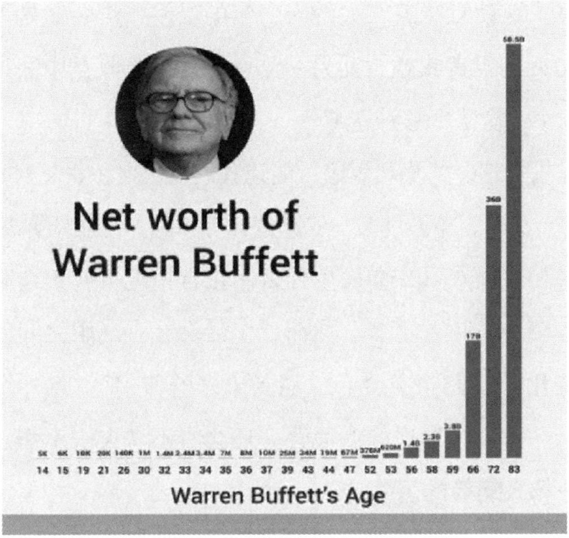

图20　巴菲特财富增长示意图

除了辛勤工作，利用好投资理财中的“魔法”——复利效应，财富的增值进程也会大大加快。

复利是一个让财富增值的过程。每年，我们不仅可以从原始的投资中获得回报，还可以从存在于账户中的前几年的收益中获得回报。

假设我们的资金年收益率为6%，如果投资10 000元但没有复利，那么我们每年的收益是600元，10年后是16 000元，20年后是22 000元，30年后是28 000元。如果加入复利，那么实际收益就要多得多——10年后为17 910元，20年后为32 070元，30年后为57 430元。

加入复利30年后的所得收益是在没有复利的情况下所得收益

的两倍多。这就意味着，大约有一半的最终账户余额是来自原始的10 000元的投资收益，而另一半则是从投资收益中获得的投资收益。这个“魔法”够神奇吧？

通过投资理财的复利效应，能让我们较快地积累起财富，除了实现买房、买车、旅游度假、安享退休等梦想，还能抵御意外风险。

我们无法预知未来会发生什么，正常情况下明天会和今天一样，明年会与今年差不多。然而，生活会在一眨眼之间发生翻天覆地的变化。我们除了会有“遇到未来的伴侣”、意外发现梦想中的房子、添丁接福这样的惊喜，还会有不幸失去工作、自己或至亲得一场大病等的意外。

有效的理财需要我们做到开源节流，这靠的是自律。做合理的预算，考虑到投资理财的复利效应，我们今天花出去一笔钱，会使将来少一笔可观的财富。发财致富这件事，我们不应寄希望于中彩票、继承某一位长辈的巨额遗产、炒股票等。想要积累财富，对于大多数人来说，持之以恒地投资理财二三十年，才是通往财富自由的正道。

前面我已经介绍过需从自己设定财富目标开始，例如，在本书第一章中我详细阐述过打算让儿子提前储备够上大学的学费，为此制订并执行了用他每年得到的红包钱进行指数基金定期投资的计划，最终实现了这个财富目标。不同的人有不同的目标，可以是5年内积累够买房首付这样的“小目标”，也可以是20年以后退休无忧这样的“大目标”。关键是要根据自身财务状况，预估未来收入，根据自身的风险承受能力，制订并执行投资理财计划。

第九章

实现“10倍回报”的简易法——“选等守”

财富自由，没有一定的投资回报率是不可能实现的，有太高的回报预期也是不可能实现的，那么怎样的回报率才是既可以达到又有意义的？我认为是“10倍回报”，也就是10年有10倍的回报。不要小看“10倍回报”。10年10倍，20年就100倍了。以这样的财富增长速度，假设一个人在30岁时有10万元本金，到50岁时就有千万元了。如果每年都有量力而行的增量投入，退休后的富足生活就可以有了，真没有什么值得担心的。

“10倍回报”从何而来？

当市场低迷时，很多投资者认为“10倍回报”根本不可能实现，不亏钱就已经不错了。到了牛市，他们则认为“10倍回报”根本算不了什么，一年翻倍能很轻松实现，三五年内实现10倍回报一点都不难。其实，投资者有这种认知在很大程度上是受到了市场波动的影响。

为了在证券市场取得好回报，大家不外乎借助以下3种方法。

一、以博弈的心态追涨杀跌

采用这种方法的投资者其实是希望在一场“负和游戏”中从其他投资者的口袋里赚钱。

当然，在流动性非常充足的A股中从来不乏故事，也不存在难以解释的逻辑。激情四射的“神创业板”曾在2014—2015年诞生了许多“涨10倍”的股票，其中不少（如暴风科技、乐视网、朗玛信息、全通教育、安硕信息等）都是高科技概念股，短短几个月就上涨超10倍，但是之后多年的业绩证明一些所谓的高科技股只是一个传说。也有绩差股因为被借壳、重组等转眼间身价上涨10倍以上，这也仅体现了当年国内IPO管制下的壳价值而已，这类火鸡变凤凰的魔术随着“注册制”的推进而消亡。建议投资者不要当这类“风口”的“飞猪”，因为风一过，这些“飞猪”一定纷纷摔落地。

广大投资者不一定愿意接受的一个事实是，古今中外，亮丽的泡沫每次都必以破灭而告终。1999—2000年的美股的纳斯达克高科技泡沫在2001年破灭，根据全景网数据，到2002年年底，在1995—2000年上市的公司中，有50%已经消失，有72%的股价低于IPO价格。到2019年年底，在1999—2001年上市的899家科技公司中，只有61家仍然存续，存续率仅为6.8%。而A股的创业板在2014—2015年的“大牛市”中，平均市盈率达

140倍，但到现在，大批昔日的牛股（如乐视网、暴风科技等）已经消失了。

2020年下半年，A股好不容易盼来了久违的牛市，许多股票投资者依然感到疲惫与焦虑，每天忙着关注宏观经济的每一个数据，关注隔夜美股走势，关注上市公司的K线走势，他们仿佛没有一点空余时间，就是为了实现回报最大化。然而实际上，在贪婪与恐惧下，计划好的“低买高卖”往往会变成“高买低卖”，好的回报更无从实现。

因此，投资者以博弈心态追涨杀跌实现财富自由，是行不通的！

二、以套利的方式积少成多

这种方法就是利用量化模型，通过高频交易，一点点地积累回报，也就是赚不同市场、不同品种定价偏差的钱，积少成多而致富。

然而，量化模型都存在模型失效、政策干预、系统漏洞、“黑天鹅”事件等风险，如2015年市场中性产品折戟、“光大乌龙指”事件、长期资本的陨落等。

事件一：2015年市场中性产品折戟。

IF合约于2010年4月16日登陆中金所。通过多年交易，IF合约逐渐被各类金融交易机构所熟悉和认可。在IF合约发展良好的背景下，2015年4月，IH合约、IC合约相继上市。股指期货产品的逐渐成熟，意味着国内投资者也拥有了低成本的对冲工具。2013—2015年，随着股指期货、指数期权的陆续推出，量化对冲产品如雨后春笋般涌现，各类资产管理人纷纷打出"量化"产品低风险高收益的旗号推出相关产品募集到了大量资金。

然而，受"有形之手"的干预，2015年下半年股市"异常波动"之后，中金所连续出台股指期货限制政策。当时，国内资本市场大幅度调整，很多证券投资者认为股指期货是股市暴跌的元凶。于是中金所被迫连做5次调整，保证金比例从统一的10%增至40%（非套保）和20%（套保）；日内开仓限制先从不限调至600手，最后甚至调整为10手；日内交易手续费也从万分之0.23升至万分之23，涨了100倍。

在高保证金、高手续费和日内开仓数量受限制之下，股指期货的对冲功能几近失效。很多量化对冲基金因为无法对冲下跌风险，在几近裸奔的状态下结束产品或更换策略。

在此之后，市场陷入流动性危机，单日千股跌停屡次上演。各款号称"无论市场涨跌均能轻松赚钱"的量化对冲产品都难逃巨亏厄运。

在2017年2月和2017年9月，股指期货经历了两次松绑。松绑后，股指期货保证金比例基本上调整至2015年大跌前的水平。事实上，无论是保证金比例的调整，还是手续费费率的下降，都有利于金融机构降低成本，提高资金的使用效率。同时，股指期货渐渐恢复常态化，量化对冲基金的正常运转也成为可能。然而曾经林林总总的量化对冲产品都因长期巨亏而销声匿迹。

事件二：影响深远的“光大乌龙指”事件。

光大乌龙指事件因光大证券量化团队的“套利交易”出现问题而引发，造成当天股票市场“异常波动”，不少投资者遭受损失，几位主要当事人也为此付出了惨重代价。

1.事件经过。

2013年8月15日，上证指数收于2 081点。

2013年8月16日，上证指数以2 075点低开，到11点为止，上证指数一直在低位徘徊。

2013年8月16日11点05分，多只权重股瞬间出现巨额买单。大批权重股瞬间被一两个大单拉升之后，又涌现出大批巨额买单，带动了整个股指和其他股票的上涨，以致多达59只权重股瞬间封涨停。指数的第一波拉升主要发生在11点05分到11点08分之间，随后出现阶段性的回落。

2013年8月16日11点15分起，上证指数开始第二波拉升，这一次最高摸到2 198点，在11点30分收盘时收于2 149点。

2013年8月16日11点29分，上午的A股暴涨，源于光大证券自营盘70亿元的乌龙指。

2013年8月16日13点，光大证券公告称因重要事项未公告，临时停牌。

2013年8月16日13点16分，时任光大证券董秘的梅键表示，自营盘70亿元乌龙纯属子虚乌有。

2013年8月16日13点22分左右，有媒体连续拨打光大证券多名高管电话，均显示关机或未接通。

2013年8月16日14点23分左右，光大证券发布公告，承认套利系统出现问题，公司正在进行相关核查和处置工作。

2013年8月16日14点55分，光大证券官网一度不能登录，或者因短时间内浏览量过大而崩溃。

2013年8月16日15点，上交所官方微博称，今日交易系统运行正常，已达成交易将进入正常清算交收环节。

2013年8月16日16点27分左右，证监会在新闻通气会上表示："上证综指瞬间上涨5.96%，主要原因是光大证券自营账户大额买入。""目前上交所和上海证监局正抓紧对光大证券异常交易的原因展开调查。"

2.原因分析。

触发原因是系统缺陷。光大证券策略投资部使用的套利策略系统出现了问题，由于订单生成系统存在缺陷，导致在2013年8月16日11时05分08秒之后的2秒内，瞬间重复生成26 082笔预期外的市价委托订单；由于订单执行系统存在缺陷，上述预期外的巨量市价委托订单被直接发送至交易所。

具体问题出自系统的订单"重下"功能。2013年8月16日11点02分时，第3次180ETF套利下单，交易员发现有24个个股申报不成功，就想使用"重下"新功能，于是程序员在旁边指导着操作了一番，没想到这个功能没实盘验证过，程序把买入24个成分股，写成了买入24组180ETF成分股，结果生成巨量订单。

深层次原因是该策略投资部门系统完全独立于公司其他系统，甚至未置于公司风控系统监控下，使得多级风控体系都未发挥作用。

3.事件影响。

光大乌龙指事件中共下单234亿元，成交72.7亿元，涉及150多只股票。按照2013年8月16日的收盘价，上述交易的当日盯市损失约为1.94亿元。此次事件对光大证券业绩产生巨大影响。

2013年8月18日，光大证券发布公告，详细披露“8·16”事件过程及原因，称当日盯市损失约为1.94亿元，并可能因此事件面临监管部门的警示或处罚，公司将全面检讨交易系统管理。

4.调查处理。

光大证券股份有限公司（以下简称“光大证券”“公司”）因“8·16事件”涉嫌利用内幕信息进行交易，于2013年8月31日收到中国证监会《行政处罚及市场禁入事先告知书》（处罚字〔2013〕53-1号），详细内容见公司临时公告2013-043。2013年11月14日，公司收到中国证监会《行政处罚决定书》（〔2013〕59号），主要内容摘要如下：

一、认定“光大证券在进行ETF申赎套利交易时，因程序错误，其使用的策略交易系统以234亿元巨量资金申购180ETF成分股，实际成交72.7亿元”为内幕信息。光大证券在2013年8月16日下午将所持股票转换为180ETF和50ETF并卖出的行为和在2013年8月16日下午卖出股指期货空头合约IF1309、IF1312共计

6 240张的行为，构成《证券法》第二百零二条和《期货交易管理条例》第七十条所述内幕交易行为。徐浩明为直接负责的主管人员，杨赤忠、沈诗光、杨剑波为其他直接责任人员。

二、没收光大证券违法所得，并处以违法所得5倍的罚款。罚没款共计523 285 668.48元。对光大证券ETF内幕交易直接负责的主管人员徐浩明及其他直接责任人员杨赤忠、沈诗光、杨剑波给予警告、罚款，并定为终身证券市场禁入者、期货市场禁止进入者。

2013年8月20日，光大证券收到中国银行间市场交易商协会（简称交易商协会）《关于开展非金融企业债务融资工具主承销业务规范自查的通知》，称光大证券这几日出现的交易异常事件反映出公司在内控合规、风险管理等方面存在重大问题，不符合交易商协会关于主承销类会员应建立健全风险管理和内部控制制度的自律管理相关要求，决定暂停其非金融企业债务融资工具主承销业务。

事件三：长期资本的陨落。

美国“长期资本”成立于1994年，创始人是John Meriwether。在创立长期资本之前，他就已经在华尔街上的大投行之一所罗门兄弟公司立下了威名。他在固定收益套利部门工作了差不多20年，并晋升为所罗门兄弟公司的副总裁。

他网罗了一大批业界精英，其中还包括学术人才（但不限于）：Eric Rosenfeld，毕业于麻省理工学院，哈佛商学院的金融学副教授；Victor Haghani，伦敦经济学院毕业生；Gregory Hawkins，获麻省理工学院经济学博士学位；Lawrence Hilibrand，在麻省理工学院获双学位；David Mullins，美联储前副主席；华人的"金融大牛"黄奇辅（Chi-fu Huang），毕业于斯坦福大学，后执教于麻省理工学院、斯坦福大学和宾夕法尼亚大学。

两位诺贝尔经济学奖得主、学术界的巨匠也加入了长期资本，其中一位是Robert Merton。Merton获得过哥伦比亚大学的学士学位、加州理工学院的硕士学位，以及麻省理工学院的经济学博士学位。加入长期资本之前，Merton一直在麻省理工学院和哈佛大学执教。另一位是布莱克-斯科尔斯定价模型（Black-Sholes Model）的创造者之一Myron Scholes。他从芝加哥大学取得MBA和博士学位，先后在麻省理工学院斯隆商学院和芝加哥大学执教。

长期资本的起投点是1 000万美元，远高于一般对冲基金的20万美元；它的费率结构是2和25（即每年的管理费是2%，业绩提成是25%），也高于业界的标准（2和20）。即便如此，投资者仍蜂拥而入，其中，个人投资者包括美林证券的老板Komansky、Paine Webber的老板Marron，以及贝尔斯登的老板Cayne，机构投资者包括台湾银行、科威特养老基金等。就连之前坚持不投对冲基金的意大利中央银行，也拿出1亿美元投进长期资本。

长期资本于1994年2月正式成立，初始管理的资产规模为12.5亿美元，是有史以来全球最大的对冲基金。群英荟萃，长期资本的业绩非常出色。在头10个月里，基金赚了20%；1995年赚了43%；1996年回报率是41%，累计收益达到了21亿美元。这样的数字在今天看来并非那么惊人，但要考虑两点。第一，长期资本的主业是做对冲套利，集中在利率、债券和外汇领域，而不是赌单边市场。一般套利的利润都很微薄。第二，这是20年前的事情了。做一个简单的比较，当时麦当劳在全球一年卖10亿个汉堡所得的利润也远低于长期资本的盈利；长期资本的盈利也高于当时美国最出色的一些蓝筹公司，包括美林证券、迪士尼、美国运通、耐克、朗讯和吉列。

长期资本的业绩不但好，而且很稳定，它最高的单月亏损率只有2.9%。

然而，世事如斯，幸福的时光似乎总是不能永远持续。对冲套利的单笔交易利润一直很微薄，为了能够放大利润只能加杠杆。有一段时间，基金的头寸高达1.25万亿美元，杠杆率加到了100∶1。然而，高杠杆之下，风险不期而至。

1998年5月，美国和国际债券的息差超过了长期资本模型的预测，当月基金净值下跌了6.7%，是基金成立以来亏损最大的一次。祸不单行，6月，基金亏损了10%。1998年上半年原油价格下跌了14%。由于向来以原油出口为经济支柱之一，随着油价的下跌，俄罗斯股市当年下跌75%。投资者避险情绪急升，俄罗斯的债券惨遭抛售，短期利率飙升到200%。由于长期资本重仓国际债券（包括俄罗斯债券），它也随着俄罗斯的金融市场滑向了无底深渊（见图21）。在市场面前，长期资本也无计可施。

形势万分危急之时，美国监管层出手介入：美联储纽约分行组织华尔街上的14家投行组成财团，向长期资本总共注入36亿美元，获得了90%的股权。

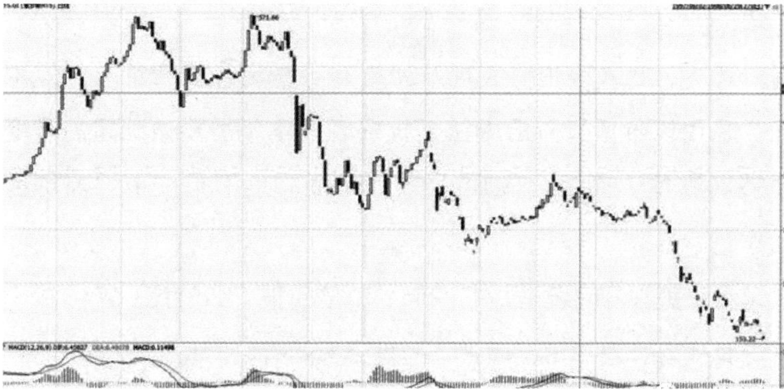

图21　1997年年底至1998年年中，俄罗斯股市惨烈下跌

故事的最后，长期资本的合伙人几乎失去了他们在公司的一切，纷纷选择离去。有意思的是，在被财团接管之后没多久，市场就强力反弹，息差迅速收窄，朝着合伙人当初预期的方向演进。有人接收了他们的投资组合，在其后的反弹中大赚一笔。如果长期资本能够坚持住，那么最后至少是可以保本平仓的。当然，也仅仅是如果。

长期资本的陨落告诉我们，积小胜而成大胜的套利交易并不能为我们实现长期的优异回报，反而会让我们面临种种风险。

三、以实业思维与好公司共成长

实业思维其实就是“主人翁”精神，投资者选定好公司，当好公司的老板，让好公司的优秀职业经理人为自己打工，长期获得好公司创造的利润。这也是实现长期丰厚回报最大化的不二之法。

其实，在A股中要实现好回报并不一定会被疲惫与焦虑困扰。采用以价值投资的方法，投资者根本不需要做到超高难度的抄底逃顶。而且，实现“10倍回报”也不是一个“高难度动作”。

大家关心的问题是，下一个“10倍回报”如何找？

我认为，选“10倍回报”的投资标的有以下几个标准。

1.好行业中的好公司是最佳标的。

哪些算是“好行业”？我认为是能在往后10年或更长时间有稳定增长空间的行业，如医疗、保健、医药、消费、文化、娱乐、金融服务等行业。这些行业直接得益于我国的消费升级大趋势，稳步增长的确定性非常强。

2.估值低是最实在的硬道理。

如前面所说，在2014年年初牛市启动前我自己的组合中，招商银行的P/B是0.8倍，P/E是6倍，平安保险的P/EV（市价与内含价值的比率，是衡量寿险公司估值的重要标准之一）不足1倍，P/E不到10倍，而五粮液当时受“塑化剂”等负面因素的影响P/E低至5倍。因此，当时买入这些好行业里面的好公司都是实实在在的“便宜买”。其实，价值投资要有实业思维，当时，我就与一些资深的投资者朋友推算“密谋”，既然名牌白酒的P/E只有5倍，那么，如果用足够的资金，把整个公司买下来，维持正常经营，5年利润就能回本，相当于白得了一家好行业的好公司。以实业思维来投资股票，就能等到买便宜货的机会。

3.能长期坚守才能获全胜。

前面已经讲过，便宜价买入一篮子好公司后，只要价格依然合理就一直持有，短期的涨跌大可不予理会，半路下车式的“逃顶”没有任何意义。因为实践检验证明，“笨笨”地坚守实现的回报足够丰厚。

我选择名酒公司的股票来投资，是因为当时名酒公司的估值相对较低，而且白酒作为千年国粹是文化的一部分，今后被淡化的可能性为0。相关公司业绩增长稳定，而且在全球范围内难有真正意义上的竞争对手。于是我长期坚守下来就实现了“10倍回报”。

能否实现“10倍回报”，就要看投资者能否做到知行合一、心无旁骛地去坚持。

“10倍回报”是每个投资者的愿望，然而，要实现“10倍回报”有多难？我们理性地计算分析一下。根据复利计算方法，每年回报率为25%，10年下来回报达到9.31倍，接近10倍。那么什么样的公司可以创造25%的年化回报率？我们看到，在A股上市公司中，近10年年平均ROE大于25%的只有8家，也就是说，持有这8家上市公司的股票，每年取得分红后再投资到这些股票中，10年后，假设市场给予这些公司股票的估值不变，投资者就基本实现了“10倍回报”。

事实上，从2009年起一直持有这些上市公司的股票构成的组合，10年后，“10倍回报”确实可以轻松实现。

前面我们算过，长期10年年平均ROE超过25%的公司稀缺，但如果我们把标准降到10年年平均ROE超过15%，那么符合标准的公司数量就显著增加到几十家了。ROE为15%的公司如何为投资者实现10倍回报？我们用同样的复利计算方法推算一下，ROE为15%，期限为10年，假设市场给予的估值不变，回报为4.05倍，初期这些公司被市场低估了，只给予10倍P/E的估值，而10年后市场发现了这些公司的价值而愿意给予20倍P/E的估值，那么投资这些公司的总回报就是4.05的两倍，也就是8.1倍，离“10倍回报”的目标不远了。

如表7所示，我自制了年化复利与总回报率表，供参考。

表7　年化收益率与回报率

年化收益率	5年回报率	10年回报率
15%	201%	405%
20%	249%	619%
25%	305%	931%

事实上，名牌白酒、消费服务、金融服务等社会“刚需行业”的龙头公司在2013—2014年非常沉寂，从而被市场低估了。假如在这期间买入这些ROE在15%~25%之间的二线“好公司”，如五粮液、美的集团、招商银行、平安保险等，2014年至2019年复权后的股价都会超过之前的5倍。到2020年年中，我自己一直持有的五粮液已经提早实现了“10倍回报”，其他的几家好公司股票价格如果未来5年再涨一倍，同样可以轻松地让投资者实现

“10倍回报”，而且实现的概率极大。这就是国际知名投资家戴维斯创立的，投资者可以通过等待市场给予估值提升及上市公司本身价值提升带来双重收益的“戴维斯双击”。

2009年其实是因上一轮全球金融风暴而导致资本市场极为低迷的低谷年，直至2022年，资本市场的情况与2008—2009年、2015—2016年等低迷期极为相似。确实到了秉持“选好公司，等合理价买，坚守做长期打算”原则出手的时候。

因此，每当市场低迷时，几乎到了一个我们可以争取“10倍回报”的好时代。

关于“10倍回报”，我们需要有以下几点认识。

1.“10倍回报”高不高?

前面详尽分析过了，“10倍回报”的年化回报率为25%。

国内股市中，A股主流指数均跑赢一线城市核心地段的楼价，“笨笨”的上证指数也跑赢了位于上海陆家嘴核心地区的知名天价楼盘“汤臣一品”，代表国内上市公司主流的沪深300指数长期跑赢了全球公认的牛气冲天的标普500指数，代表各细分行业龙头公司的中证500指数跑赢了代表全球领先科技公司的纳斯达克指数。当然，表现最佳的依然是A股上市公司中的核心优质资产，入选标准如下。

（1）过去10年年平均ROE大于25%。

（2）各行业的龙头企业。

（3）公司经营利润长期稳定增长。

（4）每年公司现金分红持续增加。

根据这个标准，选出了贵州茅台、恒瑞医药、格力电器、双汇发展，假设2005年年底将100万元等分投入这4家上市公司，到2022年6月30日，就可以实现“10倍回报”，期间的年化回报率是29%左右。这再一次印证了，如果以实业思维长期投资，分享上市公司的经营收益，长期的回报率就约等于这些公司的平均ROE。

2.“10倍回报”背后的“选等守”。

根据我自己在国内外市场摸爬滚打近30年的经验与教训，我把“10倍回报”背后的价值投资“真经”总结为“选等守”三个字。具体来说就是前面章节多次提到的“选好公司，等合理价买，坚守长期持有”的价值投资原则。

我们一定不要高估自己的择时投资能力，也不应羡慕和佩服那些传说中的、能准确逃顶抄底的所谓“股神”。我们必须明白：投资就是投国运，买股就是买公司。

我们现在要做的就是如前言所说的“高筑墙，广积粮，缓称王”。也就是，先精心挑“选”好行业的好公司，“等”待时机以合理价买入，坚“守”长期持有。这也是我一直以来倡导的“选等守”价值投资“三字经”。

我们不妨参照一下美国市场的相关经验，看一下1970年美国经济出现长期滞胀的较差场景之时各行业优秀公司的表现。“漂亮50”（Nifty Fifty）是美国股票投资史上特定阶段出现的一个非正式术语，用来指20世纪六七十年代在纽约证券交易所交易的50只备受追捧的大盘股，如麦当劳、迪士尼、美国运通、可口可乐、吉列（已并入宝洁）、柯达、陶氏化学、通用电气、辉瑞、宝洁、施乐等。这些由各行业优秀公司组成的“漂亮50”，因盈利长期增长稳定而备受投资者的追捧，当时被投资者一致认为是可以“买入并持有”的优质成长股，同时成为美股在20世纪60年代牛市行情的重要推动力量。由于人们认为这些公司的运作非常稳健，这些股票被认为是“一次性抉择”股，也就是说，一旦决定买入股票，就无须再为投资理财操心。

然而长期持续上涨明显让这些“漂亮”公司被高估了。到1972年12月31日，美股“漂亮50”的平均市盈率高达43倍。在美国经济增长已经放缓的背景下股市长期走弱，“漂亮50”进入了明显下跌的“褪色期”。从1972年12月31日到1974年12月31日，50家公司的股票价格平均下跌44%，市盈率由43倍降至17倍，估值也明显降了下来。

之后，这些各行业的优秀公司表现出其经营能力的韧性，盈利能力先于经济增长复苏而开始提升，随着1970年年末结构调整的完成，美国经济重回上升轨道。“漂亮50”中的大部分公司继续领跑美国经济，在之后的40年间为坚守着它们的投资者带来10%以上的年化回报率。

美股“漂亮50”的兴起、调整、再次复兴，证明了“选”好公司、“等”合理价买、坚“守”长期持有这一价值投资原则在经济周期的不同阶段同样适用。

同时，通过回顾美国当年的“漂亮50”，我们还能得到一个重要启示：多数经历了岁月磨炼的持续成长公司属于贴近消费大众的公司，它们的产品或服务与老百姓的生活密切相关。考虑到中国消费领域不可限量的发展前景，此类公司同样值得重点关注。这实际上也说明一个道理，即产品看起来平平常常、盈利模式也易于理解的公司是价值投资的重要来源。

价值投资“三字经”中的“选”，就是要选好公司，其必要性前面章节已经说得很清楚，我们要确保10年后这些公司还在持续经营，既能保持良好的市场竞争力，又能保持高的ROE。国内的名牌白酒茅台、五粮液等高档消费品就属于这一类，酱油、榨菜、牛奶、老醋等日常消费品同样属于这一类，家用电器等也属于此类。其中名牌白酒所代表的酒文化已经存续千百年，是中华民族传统文化的一部分，而文化元素是可以长久存续的。

我坚信，20年后如果我们有缘再相聚，我们手里拿的大概率不是苹果手机，但摆在我们的餐桌上的估计还是以茅台、五粮液等为代表的名牌白酒。

本杰明大师在《聪明的投资者》一书中介绍了防御性（也就是保守者的价值投资“四项基本原则”）。

（1）投资不要过度分散。也就是说，即使资金量很大，持有的股票数在10~30只即可。投资标的有限，投资者就可以深入研究，把每一个标的研究透彻。

（2）选择的每一家公司必须是大型的、知名的，财务上是稳健的。这可以确保标的公司能持续经营，且对抗不同经济周期起伏波动的能力强。

（3）每一家公司都应具有长期连续支付股息的历史。这一标准有助于投资者避过一些财务造假的公司，毕竟利润造假的公司是不可能长期拿出大量现金分红的。

（4）投资者买入的股票价格应限制在以过去7年平均每股利润来计算的25倍市盈率之内。如果以过去一年的平均每股利润来计算市盈率，那就将市盈率控制在20倍以内。以7年平均每股利润来计算市盈率，可以确保我们不会买得“太贵”。

按照这个原则来选择公司，A股中的绝大部分“成长股”“新股”都被排除在外了。

本杰明在书中也给出了成长型公司股票的选择估值标准：市盈率＝8.5+2×增长率。公式中的增长率是指公司7~10年的平均增长率。也就是说，如果一家上市公司的利润长期增长率是5%、10%，那么其买入时可以接受的估值分别是18.5倍和28.5倍市盈率以下。

其实，在国内A股市场的3 000多个标的中，符合以上标准的上市公司只有30个左右，即使在低迷期也不超过50个。符合标准的上市公司不多，意味着投资者选起来不费工夫。

价值投资“三字经”中的“等”，就是等合理价的出现，这是必不可少的一步。有不少投资者认为，只要是好公司，价格高无所谓，可以随时买入。其实不然，参照一下美国市场的相关经验，投资者在1970年年初买入美股“漂亮50”，其后却要承受股价多年下跌的代价，即使长期持有最后都涨回并再创新高，也大大影响了长期的年化回报率。

蓝筹白马股在高估值时也会面临显著的长期调整，如果投资者买贵了，长期的回报率就会不理想。因而“好公司”也必须“以合理价买入”。

回到国内，其实也一样。即使买入的是茅台这样的公司的股票，如果投资者买贵了，同样要面临长期下跌的煎熬，影响长期的收益率。

2007年年末，茅台静态市盈率高达70倍。投资者以这么高的价格买进茅台股票所付出的代价不小，就算把每年的分红也考虑在内，一直持有到2013年年末，依然亏损28.70%。其间，茅台公司的利润以平均每年25%的速度增长。

高价买入另一家好公司五粮液的投资者则更郁闷，如果在2007年10月17日以每股51元买入，不计算资金成本，就要到2017年5月16日完成解套。2007—2012年五粮液的净利润增长率分别为25.83%，23.27%，79.20%，35.46%，40.09%，61.35%，而如此高的增长率都不能把股价推回到2007年10月的最高点。为什么呢？2007年当股价在高点时，五粮液的市盈率是127倍的高估值。如果此时买入五粮液这样的“好公司”的股票，长期回报率则不高。更何况又有多少投资者能坚持10年等到开始有回报的那一天呢？

同样的事情也发生在美股，前面提到的美国“漂亮50”中的代表可口可乐，1998年其股价在高点每股88.94美元时对应的市盈率更是接近70倍。投资者如果此时买入，往后的14年则要饱受股价反复下跌的煎熬，直到2012年才终于加上分红而收回成本，取得0收益。尽管这14年间可口可乐的税后净利润从35.3亿美元一直增长到90.86亿美元，年增长率超过10%，但也无法让投资者有理想的长期年化回报率。

以上分析的茅台、五粮液与可口可乐，是公认的经得起时间考验的“好公司”，以贵价买入的投资者虽然终于解套了，但也付出了长期“上浮零”而且投资收益率长期下滑的代价。因此，我们“选”到好公司后，还必须“等”到合理价买入才能实现较好的回报。事实上，与所有的投资品一样，茅台等好公司摆脱不了“钟摆效应”，短期会涨过头，也会跌过头。如能等到便宜价时买入，则可以大大提高长期年化回报率。

大家肯定认为好东西肯定不会便宜。其实，茅台股价腰斩已经不是第一次（2008年、2013年、2018年都发生过，2022年10月再度发生），今后可能还会大打折扣。如果真的出现，就相当于迎来了很好的买入机会。

价值投资“三字经”中的最后一个字是“守”，是指买入好公司后长期坚守，这其实是“三字经”中最难做到的一个字。做过股票买卖的投资者，都有过痛苦与焦虑的感受，没买入时，它持续涨；痛下决心买入后，它马上不涨反跌，感觉市场一直与自己作对。其实不然，股价短期内是跟着市场的情绪随机游走的，因而根本不可预测；但从长期而言，其是由公司的实际价值决定的，是可以计算和判断的。

以合理价买入了好公司，很可能也会遇上股价在短期内下跌的情况，有时跌幅还会很大。就如前面所提到茅台股价腰斩，这时，投资者必须有足够强的韧劲去坚守。事实上，每一次坚持下来的投资者最终回报都不俗。不能忍受股价下跌50%的投资者，同样也很难等到100%的回报。

股市中有这样一句话："会买的只是徒弟，会卖的才是师傅。"读到这里，大家肯定要问了："我们该什么时候卖出呢？"

我认为当出现以下3种情况时需要做卖出调整。

（1）自己持有的公司的经营与财务状况发生重大改变，原来优秀的公司已经变得不再优秀。

（2）持有的这些好公司因市场大涨而股价泡沫化，估值过高，已经不具备投资价值，如2007年10月A股蓝筹，P/E到了百倍。

（3）因购置大项资产需要花钱（如买房）。

否则，建议一直坚定持有好公司。这也是能实现长期丰厚回报的不二之法。

现实情况就是，中小投资者在资本市场中占比高，投资策略多以趋势博弈为主，因此市场的情绪化特征特别明显，羊群效应特别大。而中小投资者对回报的预期很高，总希望能把握一切风格切换的波段，因此频繁买卖，并付出高昂的交易成本，但这样往往除了把心态搞坏，一无所获。

记得巴菲特曾在年会上劝导过投资者："人们都有这种特质，当看到别人富裕起来，自己会非常希望进行投机，而不是心平气和地做价值投资。当市场很热时，很多新股表现很好，很多人被吸引进来进行投机。这是美国的教训。"

他还说过，人们如果喜欢投机，就会变得自满，会进入一个舒适区，一旦市场发生变化，他们就无法预知或做出防御。但是市场长期会引导人们正确投资。

为何投资者多热衷于股市预测并根据预测来做短期的股票买卖投机呢？因为这是最容易的选项。

以下3种方法可以为投资者做出投资决策提供依据。

（1）研究分析行业与公司（最靠谱）。

（2）打听各种内幕消息（不靠谱）。

（3）听“专家”信口开河预测短期走势（最不靠谱）。

然而，这3种方法的难易程度恰恰与靠谱程度相反。绝大多数人都对明知是不靠谱的预测及预测者趋之若鹜。

记得电影《哈利·波特》中，邓布利多校长对哈利说过一句话：在人生中，我们面对的大多数选择，并不是The right way，or the wrong way（正确的，还是错误的），我们真正面临的选择是The right way，or the easy way（正确的，还是容易的）。容易的通常不正确，而正确的肯定不容易。

对企业家而言，精心做产品是正确的路，但很不容易走；讲故事的路容易，一走往往就回不了头。对投资者而言，深入地分析研究公司财务状况来做投资决策是正确的路，但不容易走；跟风炒股票的路容易走，然而这显然不是投资正道。我们该选正确的路，还是选容易的路？选择决定结果。

如跟随巴菲特践行“价值投资”，那么在具体做法上就很简单了，只需按“三字经”的指引，“选”好公司、“等”合理价买、坚“守”长期持有。然而，“选”好公司除了需要努力学习具备财务分析能力，还需对行业的前景与公司基本面进行深入分析，“等”合理价买需要具有抗拒短时利润诱惑的坚强耐心，坚“守”长期持有需要有坚持己见而谢绝从众的恒心与韧劲。一言以蔽之，这是一条正确但不容易走的路。

在投资与资产管理行业中，真正能长期生存并胜出的往往是一些“笨人”，他们不知道怎样把握市场在短期内的趋势变化，只能以“价值投资”的原则，“笨笨”地守着一些好公司，并与这些好公司共同成长。

3. 忘记“光荣传统”，拥抱价值投资。

A股有着“炒新”“炒概念”“讲故事”的传统习惯，非理性场景总是在国内股市周而复始地出现。

我们回顾一下2009年创业板刚推出时的火热场面吧。当时创业板被认为承载了无数人的创富梦，大家普遍认为我国创业板未来上市资源充沛而且优质，因此创业板的所有参与者有望共同获得创富的成就。于是，上市公司不但高价发行股票，而且到了二级市场股价更是被节节炒高。当时，创业板一级市场发行市盈率步步高升：首三批的平均发行市盈率为56.7倍，第四批为83.59倍，第五批为77.75倍，第六批为88.66倍……

二级市场估值当时出奇的高，根据《证券时报》的数据，2009年12月底创业板个股平均静态市盈率高达100多倍，几经反复，到了2015年6月初，其平均静态市盈率竟然达到了140倍。

到2019年，投资者寄予厚望的科创板来了！不少投资者受“炒新”“炒概念”“讲故事”等传统习惯的支配，以及监管者不再“指导”新股发行的市盈率（以市场询价来确定发行价格）的新机制，让科创板重现创业板当年的火热。“三高”（高溢价、高市盈率、高估值）成为标准配置。

其实，科技兴国是几代人的梦想，也必将在大家的共同努力下得以实现。而科创板的开设不仅仅开辟了一个新的资本市场，还承担起了股票发行注册制试点的重任，担当起了证券市场增量改革的排头兵的角色。我们有足够的理由相信，科创板能完成促进资本市场和中国经济深层次的改革、促进科技创新、产业升级等新兴经济的发展的使命。

然而科技兴国大业的实现，并不等于大部分创业板、科创板的参与者都能投资获利。创业板开办10多年了，同期国内的科技水平也大幅提升了，但我认识的创业板投资者中，没有几个能摆脱最终亏损的命运。

为何二级市场绝大数投资者最终亏损？买得太贵是主要原因，另一个重要原因是交易太活跃。

2020年9月8日，施行注册制，涨跌幅限制放宽为20%后的创业板人气十足，交投活跃，创业板综指成交金额首次超过上证指数。当日创业板成交3 375亿元，而上证指数成交3 202亿元。其后，创业板成交额继续创历史纪录达到3 548亿元。

交易成本是多少呢？印花税率单向千分之一，不需要复杂的计算，这一天交易者们交了3.548亿元印花税，一年按250个交易日计算，长此以往，一年印花税合计887亿元。

而创业板上市公司2019年净利润合计367.6亿元。假设券商佣金平均为万分之五，双向合计是千分之一，一年合计887亿元。为了一年367.6亿元的净利润而兴奋地交易，印花税和券商佣金却都高达887亿元。这样的市场就成了毁灭财富的市场，显然不会持久。

每一个参与者都以为自己足够聪明、幸运，能够在鼓声骤停时安然离场，但他们中的大多数注定无法全身而退，最终为此买单。

真正值得投资者关注的是，成长初期的科技公司具有较高的“淘汰率”。仍然参考纳斯达克的数据，自纳斯达克市场成立以来，上市后累计涨幅超过1 000倍的有6家，超过100倍的有50家以上，超过10倍的有200家以上。但是累计退市的公司超过了10 000家，现在处于上市状态的3 000家左右的公司中，也有大部分相对发行价跌幅巨大，甚至接近于0。如果以完成“10倍回报”为标准，那么，上市以来累计涨幅超10倍的公司在纳斯达克只占了1.6%。

直接参与股票二级市场，特别是进行创业板、科创板的二级市场投资的投资者，尽管需要把握一些结构性的机会以取得高回报，但也应承担高风险。我们看看创业板从“大起”到“大落”的前车之鉴就知道了。诚然，有一些科技上市公司真正具有高成长性和高盈利性，而且自主创新能力比较强，在我国经济继续保持增长的背景下，我们也有理由相信创业板、科创板会诞生出一些具备未来高成长性的上市公司，如果将其作为投资标的，获取的投资收益则非常可观。但是能把它们找出来是需要有判研投资标的公司的长期潜质和把握市场长期趋势的慧眼的，而且在科创板上市公司的“沙海”中，此类“金块”极为稀有，投资者在寻宝的过程中不幸踩上“地雷”的可能性更大。

在注册制之下，新股变得不稀缺，供需关系彻底改变了。

记得在2017年年初，一些“学者”因宣称“A股市场低迷的原因是新股不断发，发多了”，要求监管者停发新股而成了为投资者“请命”的网红。背景就是A股市场2015年6月中小创泡沫破灭，大多投资者身处其中亏损累累。实际上，新股发行的管制导致A股市场大部分股票估值长期太高才是漫漫熊市的根本原因，新股如活水般的正常供应有利于让市场降低估值、提升质量，从而尽快完成价值回归进程以结束熊市。

时至2020年，新股发行随着“注册制”的推进而实现了常态化，股市也完成了由熊市向牛市的转换，当今即使股市表现得再低迷，也没有网红“专家”跳出来呼吁停发新股救市了。

2020年后，市场中出现了非常奇特的现象，那就是一些经营业绩好、估值合理的上市公司缺乏投资者问津。例如，银行、保险、地产行业中出色的龙头公司，市盈率都为10倍左右，也就是说，假设今后公司业绩0增值，投资者靠分享取得公司经营利润10年内就可以回本。然而，属于这三种行业的公司被认为是“三傻”。而市盈率达百倍或更高，投资者预期100年都回不了本的消费、医疗、科技、创业板块却被认为是“四帅”。

显然，这根本就不是投资的逻辑，只是“炒股票”而已。大家肯定会说，股票就是用来炒的。在大家的印象里，在国内市场，只有炒股票才能致富，长期持有股票的是傻瓜。

综合本章的论述，要在股票市场实现“10倍回报”我认为需要具备以下要素。

1.坚持实业思维。

以成为企业真正主人的态度来对待投资，“选”好行业的龙头公司体现的是实业思维，看10年的经营历史，在10年内能连续盈利，最关键是能连续高比例现金分红。特别是能连续高比例现金分红这条，基本就可以把财务造假的公司排除在外了。

好公司必须等合理价才买。以贵价买入好公司，短期内面临数年不赚钱，从长期来看投资收益率也会明显降低。前面也通过分析茅台、五粮液、可口可乐等实例来证明过，在此不再赘述。

现有观点认为“利率长期走低，资金无风险收益率很低，因此优质资产成了可以无限涨价的无价之宝”。我认为，这种观点用在投资上是极为危险的。尽管长期低利率，但无论是实业投资还是股权投资都需要合理回报。例如，日本的利率长期为零，难道企业就不需要合理盈利了吗？显然不是！无论是实业投资还是股权投资，都面临很大的风险，需要以合理的收益率来补偿投资者所承担的风险。

“等”合理价买也是实业思维。因为，做实业是要通过每年的回报来计算多久才能收回成本的，如果买得太贵，即使买了好公司，每年的股息回报率就低了，能靠公司盈利来收回成本的时间就长了，这样投资性价比也就不高了。

坚“守”长期持有也是实业思维。一个干实业的企业家不会整天想着把企业卖掉，相反，他会把全部心思放在企业的经营上，通过获得稳定增长的经营利润来提升企业的价值。

2.不炒股票不炒基金。

前面的章节我们反复说过，不要盯着市场股价变动而买卖。炒来炒去的结果几乎注定是失去长期丰厚回报的机会，甚至我们还会被各种“地雷”炸伤。“市值管理”就是其中一款非常厉害的花式“地雷”。

我们很理解在市场中参与“炒股票博弈”的投资者，因始终处于信息不对称中，如靠各种内幕消息博取利益，实则生存不易。

老实说，我一点也不担心自己会踩雷，也从不担心被庄家收割。因为我“不炒股票”，也从不去打探各种内部消息。其实，不靠内幕消息也能够找到一些好公司，安心长期当股东，与这些好公司共成长，并分享它们优秀经营带来的丰厚回报。

其实，投资者如果以当上市公司股东的心态来投资，而不是“炒股票”，那么庄家们“市值管理”“操纵市场”“收割韭菜”等操作又能损伤到我们什么呢?

同样，如果经过客观分析发现自己没有选出好公司而长期持有的慧眼与韧劲。那么不妨用第六章所介绍的简单方法，先选到适合的基金，然后“躺平”，让专业的投资管理人为自己把价值投资践行到底，实现“10倍回报”。

3.积极学习，知行合一。

价值投资确实是“知不易，行更难”。然而，读完本书，读者不难明白价值投资确实是能为投资者实现慢慢变富从而收获满满幸福的投资正道。因此作为投资者，走上投资理财正道只是成功的开始。无论是找好公司，估算其合理估值，还是选风格始终如一的价值投资基金经理，都需要我们不断地学习与总结。

未来哪些行业、板块可能让我们实现“10倍回报”？我认为这是投资首先要解决的问题。

白酒是千年文化的传承，源远流长，今后也一定会延续。白酒曾为投资者带来过“10倍回报”，将来也一定还有这样的机会。从投资时机的角度看，股价便宜了就是好机会。

医药也是值得投资的行业，从长期来看，我更看好传统医药，因为传统医药跟文化有关。涉及的一些品牌，也都是多年传承下来的。

白酒、传统医药这些都是跟民族品牌直接相关的，甚至直接等同于民族文化，只要民族长存，它们就会一直延续下去。这两个子行业的龙头公司依然是A股市场中确定性最大的投资标的，关键是我们能否有足够的耐心去等一个合理价买入的机会出现而已。

另外，中国一些传统优势行业，如馒头、酱油、榨菜这样的消费赛道也很有可能带来“10倍回报”。

我们或许没有慧眼提前发掘出如苹果、谷歌等这样的公司来获取丰厚的投资收益，但用笨办法，也可以从我们的日常生活中，找到一些不轻易被时代改变的公司，在其价格合理时买入，也可以安享长期的合理回报。

上述行业中的优秀龙头公司，要想让投资者取得“10倍回报”，只是时间问题：假如买贵了，可能要用20年来实现“10倍回报”；假如买便宜了，可能就要用10年来实现“10倍回报”。例如，2014年年初以8倍市盈率买入茅台的股票，5倍市盈率买入五粮液的股票，那么很可能用不了10年就可以获得“10倍回报”了。

通过学习，我们能明白一些价值投资的真谛，辨认投资理财的正道。心无旁骛地在投资理财的正道上长期坚持，让复利效应在好的投资标的上发挥作用，就能实现“10倍回报”，最终实现财富自由。

投资理财的科学研究理论与高人们的实践告诉我们，在经过辛勤劳动积累了一定的原始财富之后，人们其实是可以通过有效的投资理财来实现财富自由的。只要我们设定一个合理的回报目标，选出长期收益率高的投资标的，就可以把任务交给时间与复利，时间与复利的“魔力”能帮我们实现财富自由的终极目标。

说到长期收益率高的投资标的，就只能在股票市场中寻找了。股票市场理论上是千千万万投资者希望中的致富之地，实际上是让绝大多数投资者亏损累累的伤心之地。

巴菲特在回答“您的价值投资方法很简单，但为何真正践行的人不多”的问题时说过：“没有人愿意慢慢变富。”进入股票市场，在激动人心的股价的上下翻腾中，投资者往往会迷失，也会忘记终极目标。

价值投资的精髓就是与好公司共成长，让时间与复利发挥其

“魔力”。然而，成长的过程缓慢而悠长。

就“利用时间与复利的‘魔力’”这一论题，我曾专门撰文《寻找下一个10倍回报的投资组合》来分析与展示实现“10倍回报”的有效方法（该方法在本书第九章有详尽介绍）。发文后收到的读者反馈就是，10年太长了，我们等不起！

关于复利长期价值投资与等待过程漫长的矛盾，我希望以下面的故事来阐述。

一个农民给地主打工，地主说：“我每个月给你一石米。”聪明的农民却说：“我有一个更好的想法，第1天你给我1粒米，第2天两粒，第3天4粒，第4天8粒……每天翻一倍就可以了。”

了解复利效应的价值投资者会立刻想到一种结果：在这样持续较长一段时间后，复利的“魔力”会让地主因付米而破产。

然而，大多数投资者想到的却是另一种结果：这个农民坚持了7天，最终饿死了。

想到另外一种结果的投资者确实不是在存心抬杠。投资者把大部分资金都按价值投资的原则购买股票，由于市场波动是极大的，即使选取了一篮子好公司，并耐心等合理价买入，在长期坚守的过程中，也会出现明显的浮亏。例如，在2015年和2018年，哪怕是名牌白酒、保险龙头这样的好公司，其股价也曾在短时间内接近腰斩。如需要使用资金，我们就不得不以接受浮亏的方式来中止复利长时间积累的进程。其后，即使这些好公司的股价再涨几倍，也已经与投资者无关。因此，通过“利用时间与复利的‘魔力’实现慢慢变富”的道路似乎走不通，如何解决？

其实，我们只要加上资产配置这一有效工具，就能轻而易举地解决上述难题。以上面的农民为例，这位农民可以先要求地主第一周支付1/4石米，然后从第二周起，第一天支付剩余3/4石米的一粒米，第二天支付两粒米……每天以翻倍的支付方式给自己米。第一周取得的1/4石米解决了农民初期的生存问题，让他坚持到时间与复利的“魔力”起作用。

长期价值投资带来的复利效应确实有可能为投资者实现“10倍回报”，前提是能坚持10年。要想坚持下来，合理的资产配置必不可少。

资产配置是指每一位投资者按照自己的不同风险偏好及风险承受能力，把除自住房产以外的可投资的资产以一定的比例分别投入低风险、中低风险、中等风险及高风险等不同的资产类别中。具体包括保障类（以保险产品为主）、现金类（以流动性强的货币基金为主）、固定收益类（以各类的债券及固定收益类理财产品为主）、股权类（股票一、二级市场投资）等大类资产。

上述四大类资产就好比一支足球队中的守门员、后卫、中场及前锋，在比赛中各司其职，前锋因为有了中场、后卫、守门员在其背后层层把守与支持，全力以赴地去进攻而不用担心后方空虚。

在投资理财的资产配置方面，保障类资产能让突发风险不至于对家庭造成毁灭性打击；现金类资产满足投资者随时用钱的需要；固定收益类资产在1~3年内可创造出稳健的稍高收益；股权类资产可以让投资者放心地以5~10年为长期投资时限目标、以合理价买入一篮子优秀公司去寻求长期的高收益，并为此承担大的波动，让时间与复利的“魔力”充分生效。

“资产配置”是投资与理财的基石理论，被称为“全球资产配置之父”的学者加里·布林森及其伙伴们多年的精心研究表明，从长期来看，92%的投资收益来自合理的资产配置，具体的品种选择对收益的贡献率只有6%，而投资者最热衷的“择时操作”对长期收益的贡献率只有区区的2%。

到此，读者们可能认为，资产配置理论的研究成果与我们的投资理财实践有很大出入。投资者把90%的时间花在把握与捕捉市场短期的小波动上，最终获得了2%的成果，这不是明显的本末倒置吗？着眼于追逐市场短线的波动，给我们带来的除了疲惫与焦虑，真没有多少投资实效。

事实上，在资产配置、择时操作、品种选择这3种影响投资收益的主要因素中，择时操作因市场走势千变万化，品种选择因公司的经营环境风云变幻而难以掌控，只有资产配置是投资者自己可以充分控制的因素。

因此，建议投资者在宏观的财富规划上坚持合理的资产配置，根据自身的风险偏好与风险承受能力做好大类资产比例的划分，而在微观的权益类资产管理上坚持长期价值投资，与优秀上市公司长期共舞，让时间与复利的“魔力”助自己实现财富自由。这才是投资理财的正道！

后记

物质上的富裕与生活上的富足

国内投资者在投资理财的思维定式上一直保持着固有习惯。我在过去的10多年因职业关系经常为国内的理财师上课，课间理财师们也纷纷反馈，作为投资与理财核心理论的多元化资产配置，不但不能说服客户，甚至不能说服理财师自己及他们的家人！

本书的前言中提到，过去国内常见的投资理财方式之一就是买金融机构发行的“预期收益型理财或投资产品”，不管是银行发行的、信托发行的、保险公司发行的，还是基金公司发行的，只要有预期收益，最后必然达到。投资者不需要去研究或追问产品背后的资产，只需要知道“预期收益”即可。

不少理财师戏言，最佳的投资理财方式其实就是“不理财”。有钱就到处想办法投资，所学的资产配置理论、风险与收益配比等都是用不上的。然而，根据本书中的详尽分析，未来10年，同样的路径一定是走不通了。

随着资管新规效力的逐步显现，各类“理财产品”落实了收益与风险匹配的市场原则，“刚性兑付”的潜规则已经被打破。过去被认为是稳赚的“理财产品”达不到预期收益，甚至不能按期兑付本金的现象也是常态化。

今后10年，有产者，特别是高净值人士再按原来的理财套路参与投资肯定不灵了。

我认为，今后10年应加大国内股票市场的配置。如何实现？那就是把一部分房产的配置变成金融资产。至少每年的增量财富就不在房产方面进行配置了。

从数据上看，增加金融资产配置的建议非常合理。随着资管新规的实施，越来越多的“理财产品”必然逐步转换成专业化、净值型的公募基金及私募基金产品，利率维持较低水平也令银行存款资金更有动力转化成权益类基金产品。房地产调控性的限购，使增量的财富难以进入房地产配置，进而促使这些源源不断的增量今后更多地会通过公募基金与私募基金进行资本市场配置。投资者在现阶段择机加大在国内股票市场优质资产的配置力度无疑是把握了先机。

本书通过介绍资产配置的要领、提示投资理财的各种雷区，旨在把投资者带上投资理财的正道，以实现财富保值增值的目标；同时，为投资者展示如何应用适当的投资理财工具组合做好适合自己的步步进阶的投资理财规划，以确保自己与家人生活无忧；以有说服力的研究成果及实践成绩，为有能力承担风险的投资者指明通过价值投资，跟随稳稳向上的国运，分享优秀上市公司的经营成果，从而“慢慢地”实现财富自由。

从真正意义上享受财富自由，除了必须积累足够的财富，还必须配合心态上的同步修炼，以达到自由的境界。

与二三十年前相比，国内的总体富裕程度已经有了巨大的提高，然而，眼前物质的丰富并不能使大家保持平稳的心态。特别是在国内市场摸爬滚打多年的投资者，获得的多是疲惫与焦虑。在此，我希望就在欧美等国家与其他一些发展中国家的所见所闻表达一些个人观点，供参考。

国内有些经济学家一直表示欧美等国家遇上种种问题，已经彻底落后了。美国前总统特朗普更是一直把“Make America Great Again”的口号挂在嘴边。言下之意就是，美国已经不行了，我要让它再次行起来。一些媒体也常常报道欧盟面临瓦解，欧元被证明是一个坏设计……归根结底要表达的意思就是欧美等国家没落了。那么，真实的情况究竟如何呢？我近年多次到欧洲旅行，分别去过英国、法国、德国、意大利、爱尔兰、荷兰、比利时、芬兰、奥地利、捷克、斯洛伐克、匈牙利，还有位于欧亚边缘的土耳其等国家。同时，我常去美国、加拿大。

在古老的欧洲城市中，现代化的摩天大楼真不多。各个城市都遍布着具有本国、本民族特色的古建筑群。每一座古建筑都有着它独特的故事，每一座城堡、每一幢楼宇、每一个雕塑都是一件文物，也是一件艺术品，极具研究与鉴赏价值。

尽管欧洲国家基础设施普遍老旧，但规划设计合理，使用起来也便捷。例如，伦敦与周边城市的城际电气化铁路公交化运行，十分便捷。跨国铁路运行也是城际化，乘客购买火车票基本靠网上自助解决，车站不设安检、没有检票口，随到随走。在欧盟区驾车跨国旅行没有边检，在不同国家之间自由穿行如国内跨省般便利，跨过边界的唯一提示就是手机里面的短信“中国移动提醒您，您已到达 × × 国，需要帮助请拨打中国大使馆电话 × × × × × × × × × ……”。

美国的基础建设也确实落后：纽约的地铁系统始建于100多年前，用“脏落差”来形容一点不为过；各地机场与公路设施普遍老旧；铁路的运行速度慢得只能为退休人士提供旅游休闲服务。虽然这些都是50年以前甚至百年以前的建设，但到今日各系统仍在正常运行。在此，我以自己多次在亚特兰大机场转机的亲身经历为例说明一下美国基础设施究竟如何运转。

亚特兰大是可口可乐、UPS等世界知名企业的总部所在地，但它是一个“小城市”，大区人口数量约为500万。亚特兰大机场现有的候机楼与跑道等于1977年兴建，显得有些老旧，却是全球首个年旅客吞吐量过亿人次的机场，并且连续多年位居客运吞吐量全球第一。

该机场由7座航站楼构成。我曾几次在亚特兰大转机，飞机从来都是准点到达、正点起飞，下机、登机都是走廊桥，没有坐摆渡车的不适体验。

有一次，连接转机的时间安排紧迫，计划航班10：00到亚特兰大，转接的航班需要跨两个航站楼登机去西雅图，而且飞机

10：50就起飞，按照各位“驴友”的经验，这样的转机安排基本就“悬了”，即使侥幸跑步赶上，行李能否完成中转也是一个未知数。

而事实上，如美国其他航班基本都正点到达一样，我乘坐的前一航班准时落地亚特兰大，而且从落地到廊桥滑行时长不到5分钟，航站楼之间的连接小火车能在几分钟内到达其他任何一个航站楼。最终我在下一航班开始登机之前就赶到了登机口。顺理成章的是，这班飞机也在10：50准时起飞，让旅客即使在着急赶下一班飞机转机时也有很好的保障。我开始还担心行李中转不成功，后来在飞机上看机场的行李车辆也在正常运行着，有条不紊地把中转旅客的行李在不同航站楼飞机之间运送，我基本上就心中有数了。果然，到了目的地，我刚出来，就发现行李已经在转盘上等着了。

其实，除了新大楼、新设备，高效率更多得益于科学化的管理、系统化的运转。几十年前的技术、系统、设备能支持亚特兰大机场到今天都不落后、到今天都能运转，不得不让人惊叹。

而在其他发展中国家则是另一种观感，沿着欧洲大陆一直往东南走，就到达了欧亚边缘的土耳其，土耳其近年来加大公路、桥梁、机场等基础建设投入，同时大力发展房地产业。

一到土耳其最具活力的城市伊斯坦布尔，我的第一印象就是新国际机场富丽堂皇。然而，下机后，我的烦恼就不断，无论转乘还是入境，都要经过漫长的步行，尽管步行不是坏事，但大家想象一下，旅客们如果扶老携幼、拖带行李、语言不通，再加上时差困扰，就确实不是一种享受了。我与家人近期在欧洲之行中曾两次经过伊斯坦布尔国际机场（第一次是去程转机去伦敦，第二次是回程入境土耳其），都陷入了忙乱得汗流浃背，而且处处碰壁的困境。更奇葩的是，回程进入土耳其是落地签证，在偌大大的机场中好不容易找到签证处，却被告知每人需支付现金70美元，因为在国内早就习惯手机支付、银行卡支付，且手机在手就能走遍全球，加上钱包里银联卡数张，所以以为万无一失，手头便没带美元现金，于是我马上到附近的外汇兑换柜台求助，然而，忙活了半天，钱包里多张卡没有一张能刷得通。最后家人把身上所有的欧元、英镑、美元、人民币现金拼凑起来，再吃了外汇兑换柜台一记狠狠的剪刀汇差，才凑够了签证费用与出租车从机场到市区酒店的费用。折腾了两个小时，我与家人带着疲惫走出机场。

好不容易到了酒店，我与家人意外地得到了良好的服务，确实有宾至如归的感觉，信用卡也可以用来支付房费，附近的自助银行机也支持我的银联卡取得土耳其里拉现金，心里的石头终于落地了。其后，我亲历了作为伊斯坦布尔国际大都市的“标配”的大堵车，领略了当地历史建筑索菲亚大教堂、蓝色清真寺、地下水宫等，见识了现代化建筑博斯普鲁斯跨海大桥的雄伟。

发展中国家（正在迈向发达国家）与发达国家相比，基础设施（机场、道路、桥梁等）普遍更崭新、更宏伟，然而，使用起来往往不如发达国家舒适与便利。在发达国家，普通家庭通常背负的“三座大山”——医疗健康、子女教育、基本住房，往往都能较好地被缓释与减负，因此尽管经济增长缓慢，但人们生活富足、心态淡定，艺术创作与科研创新氛围浓郁。

我认为，富足是指精神上与物质上的自由，而富裕仅指财富上的丰富。

然而，仅拥有物质上的财富，并不一定能让人感觉“富足”。

人们对财富的追求是永无止境的。然而，巨额的财富不一定能为人们带来富足，反而往往会带来很多困扰。

最后，我想引用《财务幸福简明指南》一书的作者乔纳森·克莱门茨的一句话来总结一下：如果我们白天做着自己喜欢的工作，晚上回家与自己所爱的人们在一起，这就是一种“富足”，即使我们不一定“富裕”。